老板要学会的 72 个商业变现模式

王冲　朱权鑫 ◎ 著

中国商业出版社

图书在版编目（CIP）数据

老板要学会的 72 个商业变现模式 / 王冲，朱权鑫著.
北京 ： 中国商业出版社，2025. 1. -- ISBN 978-7-5208-
3307-3

Ⅰ．F71

中国国家版本馆 CIP 数据核字第 20253E8Q46 号

责任编辑：郑　静
策划编辑：刘万庆

中国商业出版社出版发行
（www.zgsycb.com　100053　北京广安门内报国寺 1 号）
总编室：010-63180647　　编辑室：010-83118925
发行部：010-83120835/8286
新华书店经销
香河县宏润印刷有限公司印刷
*
710 毫米 ×1000 毫米　16 开　14.25 印张　200 千字
2025 年 1 月第 1 版　2025 年 1 月第 1 次印刷
定价：199.00 元
****
（如有印装质量问题可更换）

前 言

当下，很多老板缺乏自己的变现模式。有些老板手头有一定的资金，开始租店铺、买设备、招员工，各种投入资金，没做几个月就关门歇业了；有些老板人品过硬、产品过硬、服务过硬，但仍然盈利能力不足；有些老板有很多资产，如仓库、车库、房屋等，就是无法变现。然而有些老板对于什么是技术、管理、质量等并不是很清楚，最后却能把利润做得越来越大，带着公司员工赚大钱。为什么呢？就是因为他们懂一样东西——变现。

数字经济时代，以科技、互联网、AI为主要创新手段，谁掌握了新逻辑、新工具、新模式，谁也就获得了未来30年的经济红利。但现实中很多企业老板由于未能跟上市场转型的步伐，面临非常大的经营压力，眼前一片茫然，焦虑重重，失去了前行的方向。

其实，对于企业老板来说，要想获得利润，仅仅拥有好的产品或服务是远远不够的，还需要掌握将资源转化为现金的能力，即学会变现。"变现"这一概念在商业领域中至关重要，需要我们深入了解，挖掘其真正的潜力和价值。

所谓变现，就是通过企业平台和技术手段将企业或个人的资源、产品或服务转化为经济利益的过程。在数字经济时代，变现是众多企业和个人的关注焦点，为了实现更广泛的推广、销售和盈利，就要掌握必要的方式和方法。

盈利不只是卖产品。如果你以为盈利只有"通过销售产品获利"这一种模式，那就太小看商业的复杂性了。在竞争日益激烈的市场环境中，企业要想脱颖而出，不仅需要有过硬的产品和服务，更需要拥有一套成熟的变现模式。在这瞬息万变的商业世界里，唯有不断创新和优化自身的变现模式，才能确保企业在波涛汹涌的市场大潮中遥遥领先；学习并运用这些模式，企业才能在红海中开辟出一片蓝海，实现业绩的爆炸式增长。

变现模式是企业的灵魂，直接决定着企业的生存和发展空间。在本书中，我们介绍了72种变现模式，包括轻模式变现、借势变现、价值链变现、供应链变现、产业链变现、异业联盟变现、信息变现等，每一种变现模式都有其独特的应用场景和成功案例。这些案例来自不同行业和领域，具有广泛的代表性。通过对案例的深入剖析，我们能够更好地理解和应用所学的商业知识和策略。

商业世界不存在捷径，只有不断地学习和优化。如果现在你感到迷茫，不妨从本书开始，认真学习商业变现模式，一步步构建个人的变现体系。因为知识需要实践才能转化为力量。本书所提供的72种变现模式仅仅是起点，希望它们能够激发你的灵感，助你开启财富增长的新篇章。相信我，当你看到自己的努力最终转化为实际回报的那一刻，所有的辛苦都是值得的！

目 录

模式篇

1. 轻模式变现 / 2

   案例1：绫致时装首创"私人定制" / 2

   案例2：嘀嗒出行轻模式净利润高达1.3亿元 / 3

2. 借势变现 / 5

   案例1：抓住自媒体的风口2天入账74万元 / 5

   案例2：风口"取势"，年销售额突破1亿元 / 6

3. 价值链变现 / 8

   案例：希音价值链改造市值达到千亿美元 / 8

4. 供应链变现 / 10

   案例：蜜雪冰城缔造变现"神话" / 10

5. 产业链变现 / 12

   案例1：养殖场全产业链项目盘活产业园区 / 12

   案例2：整合上游、扶持下游，产能提升5000万元 / 13

6. 异业联盟变现 / 14

   案例1：通过异业联盟，客户源源不断 / 15

   案例2："五步走"规划，实施异业联盟合作 / 17

7. 资源变现 / 19

   案例：通过资源交换，带来近2000万元的收入 / 19

8. 信息变现 / 21

   案例："红海市场"运用信息差成功变现40w+ / 21

9. 授权变现 / 23

　　案例：南极人品牌授权，营收13亿元 / 23

10. 补贴变现 / 24

　　案例1：拼多多"百亿补贴"挑战阿里、京东 / 24

　　案例2：美团用户补贴策略年经营利润134亿元 / 25

11. 租赁变现 / 27

　　案例：从卖所有权到卖使用权，机械也能"充费" / 27

12. 物流变现 / 28

　　案例：9.9元包邮，商家和快递赚钱的秘密 / 28

13. 赛道变现 / 30

　　案例：一碗麻辣烫，2个月旅游收入超过76.95亿元 / 30

14. 平台变现 / 32

　　案例1：韩都衣舍平台模式销售额快速增长 / 32

　　案例2：构建家居行业平台业绩增长30%～50% / 33

15. 跨界变现 / 35

　　案例1：跨界联名，阅读量突破3.3亿 / 35

　　案例2：跨界打劫免费洗车让生意爆满 / 36

资本篇

16. 借贷变现 / 40

　　案例1：低息借入，高息借出 / 40

　　案例2：借助平台，匹配贷款 / 41

17. 融资变现 / 43

　　案例1：将人性和金融模式完美结合 / 43

　　案例2：将融资福利发挥到极致 / 44

18. 融券变现 / 47

　　案例1：通过融券，企业获得10亿元资金 / 47

案例 2：融券交易，筹集至少 5 亿元资金 / 48

19. 并购变现 / 50

案例：不花一分钱并购 30 家托管机构 / 50

20. 上市变现 / 53

案例 1：估值增高，收益最大 / 53

案例 2：股价走高，财富增加 / 54

21. 理财变现 / 55

案例：用高档红木家具"理财" / 55

22. 资金池变现 / 57

案例：集中力量建 10 亿欧元资金池 / 57

23. 票据变现 / 58

案例：贴票宝应用于汽车产业链场景 / 58

24. 不动产变现 / 60

案例 1：3000 多平方米写字楼如何快速变现 / 60

案例 2：烂尾楼转型为高端养老地产 / 62

25. 债权变现 / 64

案例 1：将资金留在企业内部 / 64

案例 2：3000 万元的债权快速变现 / 65

26. 股权变现 / 66

案例 1：控制权和表决权灵活运用 / 67

案例 2：股权众筹快速筹集到 100 万元 / 68

产品篇

27. 产品组合变现 / 72

案例 1：普通方便面组合出新高度 / 72

案例 2：大龙焱小龙焱组合创新，火锅爆"火" / 73

28. 产品增值变现 / 76

案例 1：普通快消品摇身变高端产品 / 76

案例 2：升级创新 1 年卖出 3 亿元 / 78

29. 衍生品变现 / 81

案例：迪士尼衍生品实现 IP 价值最大化 / 81

30. 时间差变现 / 83

案例：利用时间差低收高卖赚差价 / 83

31. 空间差变现 / 86

案例 1：利用空间差卖海鲜抢占内陆市场 / 86

案例 2：1 盒蚊香撬动销售额 / 87

32. 稀缺变现 / 88

案例 1：茅台酒"贵"在稀缺 / 89

案例 2：与时尚结合的限量版运动鞋 / 90

33. 爆款变现 / 92

案例 1：QBhouse 打造"10 分钟快速理发"爆品 / 92

案例 2：爆品＋暴利实现月营业额 120 万元 / 93

管理篇

34. 人才变现 / 98

案例 1：苹果公司让人才高效变现 / 98

案例 2：人才优势如何转化为企业核心竞争力 / 99

35. 团队变现 / 101

案例 1：从濒临破产到年入 5000 万元 / 101

案例 2：业绩 3 年翻 10 倍，究竟凭什么 / 103

36. 激励变现 / 105

案例 1：胖东来让员工从"打工仔"变身"家人" / 105

案例 2：从员工"懒癌"到日入 3 万元的蜕变 / 107

目录

37. 领导力变现 / 108

  案例1：杰克·韦尔奇——通用电气的"变现狂魔" / 108

  案例2：花瓶CEO？那你就大错特错了 / 109

38. 组织增长变现 / 112

  案例：三招助某酒店年营收近10亿元 / 113

39. 降本增效变现 / 115

  案例1：简单四招，让车企绝处逢生 / 115

  案例2："砍"出来的高利润 / 117

40. 内部创业变现 / 119

  案例1：内部创业让业绩飙升30% / 119

  案例2：人才制胜、内部合伙才能赢天下 / 121

营销篇

41. 渠道变现 / 124

  案例1：让渠道商成为你的人 / 124

  案例2：发现新渠道、抢占新渠道、掌握新渠道 / 125

42. 配销变现 / 127

  案例1：强强联合，做顶端配销变现 / 127

  案例2：产品同质化严重，配销才是出路 / 128

43. 会员变现 / 130

  案例：酒店会员卡，才是酒店赚钱的根本 / 130

44. IP变现 / 132

  案例：俘获Z世代的泡泡玛特，越贵卖得越好 / 132

45. 切割变现 / 134

  案例：硬技术也要有好营销 / 134

46. 合伙人变现 / 137

  案例1：没资源、没盈利、没资金如何招合伙人 / 137

5

案例 2：肆拾玖坊从 49 位合伙人到 10 万合伙人 / 138

47. 项目变现 / 140

案例 1：农场主把瓜果蔬菜包装成项目 / 140

案例 2：通过项目变现，一年做到 5000 万元现金流 / 142

48. 招商变现 / 144

案例：招商分级别，都能赚到钱 / 144

49. 押金变现 / 146

案例 1：每一个进入美容院的女人都是 VIP / 146

案例 2："押金变现"模式短短几周收款 50 万元 / 148

50. 免费变现 / 149

案例 1："免费接送"带动机票销量 / 149

案例 2：空调免费送，厂家赚谁的钱 / 151

51. 裂变变现 / 153

案例 1：两张信用卡起步，年营业额 500 万元 / 153

案例 2：一家小店一年多裂变出近 700 家连锁店 / 154

52. 人性营销变现 / 156

案例：你对宜家的好印象，应该是 1 元冰激凌 / 156

互联网篇

53. 订阅变现 / 160

案例 1：订阅模式让用户消费体验更顺畅 / 160

案例 2："音频＋知识＋付费"模式实现单日销售额 1.96 亿元 / 161

54. 广告变现 / 163

案例 1：每天只工作 2 小时，就能从谷歌广告赚几万美元 / 163

案例 2："跳过"的广告反而赚广告费的秘密 / 164

55. 打赏变现 / 166

案例 1：Kimi 打赏模式提升用户忠诚度 / 166

案例2：商家打赏，重复消费锁定回头客 / 168

56. 流量变现 / 169

案例：一张桌子也能引来流量 / 170

57. 用户变现 / 172

案例：锁定中高收入群体提升复购频率 / 172

58. 粉丝经济变现 / 174

案例：粉丝变现三天销售 7000 斤苹果 / 174

59. 社群运营变现 / 175

案例："级差模式 + 平层奖励"让社群快速变现 / 176

60. 直播变现 / 177

案例1：做直播投入不超过 2000 元月赚 20 万元 / 177

案例2：用数字化营销实现销售额 3000 万元 / 179

61. 短视频变现 / 181

案例：在抖音用吹风机"吹"出 5 个亿流量 / 181

62. 增值服务变现 / 183

案例：推出免费增值服务，酒店成功扭亏为盈 / 183

63. 功能服务变现 / 185

案例：凭借"0 利润培训"服务，理发店老板收入翻番 / 186

64. 内容变现 / 188

案例："红衣大哥"如何用 1 条知乎内容变现 12 万元 / 188

65. 游戏变现 / 191

案例1：从皮肤到赛事，《王者荣耀》如何打造数亿的商业帝国 / 191

案例2：传奇老玩家如何通过游戏搬砖实现月入过万元 / 192

66. 任务变现 / 193

案例：揭秘百万博主接单背后的财富密码 / 194

67. 代运营变现 / 195

案例1：抖音博主代运营美容院，共同解锁变现新密码 / 196

案例2：助力小卖家成功逆袭，单日销量突破2万元 / 196

68. 返利模式变现 / 197

案例：资深淘客返利轻松展现"吸金术" / 198

69. 推广转化变现 / 199

案例1：美妆品牌利用社交媒体推广变现 / 200

案例2：健身俱乐部线下活动推广转化变现 / 200

70. 品牌出海变现 / 202

案例1：安踏品牌出海，解锁全球变现新密码 / 202

案例2：90后跨境电商新星22个月营业额达2000万美元 / 203

71. 大数据变现 / 205

案例：开启3.0免费洗衣模式，大数据解锁变现密码 / 205

72. AI变现 / 207

案例：AI制作小公司7个月营业额达300万元 / 207

模式篇

1. 轻模式变现

轻模式才是王道！不要动不动就"砸锅卖铁"投入过重的资产。所谓轻资产，轻模式，就是不用投太多的钱在设备上、压货上、店铺上、加盟上，进入容易，抽身也容易。把竞争门槛建立在产品上、技术上、服务上，而不是资产上。

——王冲

案例1：绫致时装首创"私人定制"

私人定制模式由绫致时装公司首创，目前正在积极实践。

绫致中国主要经营ONLY、VEROMODA、JACK&JONES和SELECTED等四个品牌，是典型的导购驱动型公司，销售人员和客户之间的密切互动是其实现门店销量的关键。

借助O2O工具，销售人员就能定期向客户进行一对一精准化的服装推荐。只要客户相中了某款衣服，就可以在线上与销售人员进行预约；如果客户想到门店试穿，工作人员就会提前准备好商品等待客户的到来，减少客户到店的时间成本。

经过十多年的精益求精，绫致积累了海量的板型数据、款式数据、工艺数据库，囊括了设计的各种流行元素、超过百万万亿种设计组合，能够满足客户99%以上个性化的西装设计需求。客户既能在平台上进行DIY设计，也能利用红领板型数据库自由搭配组合，只要登录平台，就能迅速定制自己的个性化产品。

客户提交自己的需求后，后台就会形成一个数字模型。数据流贯穿设计、生产、营销、配送、管理等全过程，企业的全部业务流程都以数据驱动，员工一般都是先从平台上获取数据，然后在网络上工作；在数据流动过程中，既不用人工转换，也不用纸质传递，全球订单数据可以进行零时差、零失误率的准确传递……然后，就会自动完成个性化产品的设计与制造，完成个性化产品的制作。

采用这种模式，主要有两个好处：第一，绫致可以根据客户的消费记录，给他们单独推送商品和优惠信息；第二，客户可以主动向绫致提出自己的个性化需求，比如预约试穿、送货上门等，之后绫致就会委派专人为他们提供一对一服务，满足客户对服装品牌的"私人定制"要求。

案例2：嘀嗒出行轻模式净利润高达1.3亿元

2024年9月，嘀嗒出行的首份财报显示，上半年公司收入达到3.962亿元，同比增长2%，而经调整后的净利润更是高达1.3亿元，同比增长51.3%。这一成绩不仅彰显了公司强大的盈利能力，也与其竞争对手形成了鲜明对比。

嘀嗒出行能够在激烈的市场竞争中脱颖而出，主要归功于其采用的轻资产顺风车业务模式。

与网约车的重资产模式不同，嘀嗒出行业务模式可以概括为"轻资产、高效率"。公司没有车队车辆，而是通过整合社会闲置的私人乘用车资源，为用户提供顺风车服务，因此，不需要承担繁重的资本投资和汽车持有成本，能够实现更快扩张和更多盈利。同时，顺风车采用的"车主乘客分摊出行成本、互惠互利"的出行模式。因此，与网约车相比，平台无须支付大量奖励和补贴以促成订单。

此外，嘀嗒出行还提供智慧出租车服务及广告和其他服务如下。

（1）顺风车平台服务。通过嘀嗒出行App和小程序等平台，连接顺路私家车车主和乘客，实现了空座资源共享和顺路出行匹配，并向私家车车主收取服务费。

（2）智慧出租车服务。包括面向出租车司机的嘀嗒出租车司机App、面向乘客的嘀嗒出行App，以及嘀嗒出行微信小程序，可以为用户提供全面出行的解决方案。公司还通过凤凰出租车云平台，为出租车公司提供车队管理和运营支持。截至2023年12月31日，凤凰出租车云平台已服务73个城市中的916家出租车公司。

（3）广告及其他服务。利用平台积累的庞大用户群，嘀嗒出行通过出售App内置广告位提供广告服务。公司还跟汽车服务提供商合作，吸引私家车车主和出租司机与其对接。在该业务中，公司向第三方获取广告费或合作佣金。

2023年，嘀嗒顺风车搭乘次数达到1.3亿次，同比增长38.3%，交易规模达到86亿元，同比增长41%，呈高速增长趋势。截至2023年12月31日，嘀嗒出行共协助创造5460万个未利用汽车座位的运力，相当于中国小型私人乘用车座位总数的约4.5%。

作为真正意义上的共享经济，在优化闲置资源配置、节能减排等方面，顺风车发挥着积极作用。嘀嗒出行以顺风车为切入点，避免了跟网约车公司的直接竞争，走出了一条"小而美"的垂直化道路，展现了良好造血能力和发展能力。

相比于重资产运营的网约车平台，嘀嗒出行的顺风车平台成本更低，毛利率更高，始终保持在73%以上。这种高毛利率不仅为公司带来了稳定的盈利，也为未来的业绩增长提供了广阔的空间。

轻模式以"投资少、风险小、上手快、回报高"为特点，是一种适合现代社会的盈利模式，它为人们提供了更多的机会和可能性。无论你是创业新贵，还是商场老炮，只要有梦想和热情，都可以尝试轻模式，开启自己的赚钱之旅。

2. 借势变现

每一年赚钱都很难，但每一年都有趋势性风口。企业老板要借助势能，全力实现变现。通过顺势、造势、借势等方式，就能提高企业或产品的知名度和美誉度，树立良好的品牌形象，并最终促成产品或服务销售量。

——王冲

案例1：抓住自媒体的风口2天入账74万元

在互联网创业的浪潮中，一个由90后组成的创业团队以自媒体为平台，创造了令人瞩目的成绩。

马培源、王淦、钟洋是三位西安建筑科技大学绘画专业的毕业生，2017年大学毕业后，多数学子选择奔向各自的未来，走上工作之路，但他们三人选择了不一样的方向，带着行囊和梦想，定居在了陕西临潼的一个小山村里。他们以作画为乐，体验着乡村生活；他们将日常经历拍摄下来，上传到网络与网友分享，共同创建了"野居青年"这个IP，并以此为起点，开启了他们的UP主生涯。

在自媒体创业的过程中，他们意识到，创新和持续性是成功的关键。他们认为，很多人的创新可能在3个月内就能体现并耗尽，要想长期坚持非常困难。因此，他们注重内容的质量和创意，提高用户黏性和互动性，不断积累粉丝和影响力。

他们从拍摄改造农村老宅的短视频到经营民宿，转眼间他们在乡村已经奋斗了7年。"野居青年"的短视频内容主要聚焦于农村老宅的改造和乡村生活的点滴。他们修补了房屋，养起了小狗，喂上了小鱼，拍着接地气的视频。他们用自己的镜头记录下乡村的自然风光、人文风情，以及他们在乡村中的生活和工作状态。这些真实、贴近生活的视频内容，不仅吸引了大量观众的关注和喜爱，也让他们在短时间内积累了大量的粉丝和影响力。在这几年时间里，短短2天入账74万元，3个月内粉丝数破百万，全网短视频浏览量累计超过10亿次。

除了拍摄短视频外，"野居青年"还跨界经营起了民宿业务。他们利用自己在乡村中的资源和优势，打造出了独具特色的民宿产品，吸引了众多游客前来体验。这一跨界经营不仅为他们带来了更多的收入，也进一步扩大了他们的影响力和知名度。

他们知道，借着自媒体的潮流进行创业，需要明确定位和目标，提高个人素质和能力，精心打造自媒体品牌，注重用户体验和服务，合理利用资源和合作机会，持续创新和学习……正是凭借这些原则，他们实现了自媒体创业的梦想，并为乡村带来了新的活力和希望。

案例2：风口"取势"，年销售额突破1亿元

肖某出生在四川凉山州，这里是苦荞的主要产区，经济比较落后。在读书的时候，肖某看到过一篇报道，凉山人一般都不会患高血压、高血脂及心血管病，糖尿病人几乎没有，经过研究发现这一切都是因为当地人长期食用苦荞。

因为不懂开发，没有渠道去销售，没有资金去科普推广，导致守着这么大的金山，当地经济还是比较落后。大学毕业后，肖某毅然回到了家乡，开始从事苦荞的开发和销售工作，然而努力了十几年，企业发展却越来越难，内部管理制度不完善，薪酬、产品结构、销售模式都遇到了重重阻碍，想改变却苦于找不到方向，尤其是使用传统的销售模式，发展十分

缓慢，产品价值不能得到应有的认可。

肖某内心十分煎熬，直到遇到了我，经过系统的学习，我给他提供了几招落地策略，让他的企业发生了翻天覆地的变化。

招数一：风口取势。

步骤1. 国家提出要大力发展当地的农业及种植业，其中提到的农作物就有苦荞；

步骤2. 紧跟国家政策；

步骤3. 顺应时势，抓住机遇，开始扩大产业。

招数二：企业"内部银行"。

步骤1. 鼓励员工将每个月工资收入的一部分或部分闲置资金存到企业"内部银行"；

步骤2. 采取随存随取、整存整取、长期大量存款等方式；

步骤3. 为企业提供大量的现金流；

步骤4. 让员工获得比存银行更多的回报。

员工在企业的心更稳定，团队的积极性、凝聚力和效率也得到了大幅提高。

招数三：会员系统。

步骤1. 邀请客户到凉山实地考察；

步骤2. 召开招商会；

步骤3. "线上＋线下＋云商"联动，搭建"苦荞商城＋销售商体系＋会员创业体系＋创客"平台，让合伙人遍地开花。

招数四：股权融资。

步骤1. 稀释公司25%的股份；

步骤2. 引入股权融资500万元，对公司进行增资扩股；

步骤3. 规范公司治理结构，构建全国销售网络；

步骤4. 逐渐引入PE、VC或从供应商、销售商处融资；

步骤5. 逐渐实现股份制改造为上市做准备。

结果，这家曾经二十几年独自钻研摸索，苦苦坚持都没有方向的企业，通过我的帮助成功破局，公司销售业绩从原来的一年 800 万元，到现在突破了 1 亿元。而这一切的发生还不到两年的时间！

"如转圆石于千仞之山者，势也。"石头没有办法自己滚动，因为有了山势，才能滚下坡。懂得借势，才能突破束缚，事半功倍；不会借势，孤军奋战，通常都难以成功。

3. 价值链变现

价值链是企业生产的产品或服务增值的环节，链中的每项活动都会增加产品或服务的价值。也就是说，只要增加各链条的价值，增加单个点的价值，链条上的价值就会增加。因此，要想在未来的竞争中立于不败之地，企业老板要着眼于全局，不断扩展自身的价值链路。

——王冲

案例：希音价值链改造市值达到千亿美元

服装行业里，有一家低调的中国公司，目前估值超千亿美元，可与 ZARA、优衣库分庭抗礼，却很少有中国消费者知晓，这家公司就是 SHEIN（中文名：希音）。

SHEIN 是一家在线零售商，致力于让"人人尽享时尚之美"。该企业主要是通过按需生产的模式赋能供应商共同打造敏捷柔性供应链，从而减少浪费，并向全球消费者提供丰富的时尚产品。目前，SHEIN 直接服务全球超过 150 个国家和地区的消费者。

SHEIN 不走寻常路，将数字化与价值链结合起来，开辟出属于自己的蓝海。其实，该企业能在海外闷声发大财、估值高达千亿美元，其价值链值得我们研究与借鉴。

（1）销售力。SHEIN 精准定位海外年轻女性，创造了"多快新省"的客户价值，避开了国内竞争激烈的市场，依托国内供应链优势，出海做跨境电商。SHEIN 的价值主张就是"多快新省"，即品类多、上新快、款式新、价格低。对年轻女性来说，上新频率高，商品款式多，价格低廉从几美元到十几美元，购买自然就停不下来。

（2）产品力。SHEIN 的设计从买手模式过渡到设计师模式，设计师包括自有员工与合作的外部设计师，将设计牢牢地掌握在了自己手中。SHEIN 的设计师有 IT 系统支持，设计师可以实时掌握新兴趋势和竞品的上新状况，IT 系统会预测市场流行趋势，为设计的成功提供保证。设计辅助系统将设计师的设计工作进行相当程度的标准化，在已框定好的面料、辅料、图案范围内设计，大大提高了效率。

（3）供应链力。为达成小单快返，2015 年 SHEIN 将总部从南京迁到广州番禺。广州番禺是服装的产业集群地，从"商品企划—面辅料企划—设计企划—技术研发（打样）—生产到成品物流进仓"，番禺都具有产业优势。

番禺南村是研发供应链中心，广州中大面辅料市场、佛山张楼针织基地、柯桥面辅料市场为面辅料中心，生产也以番禺南村为中心，番禺南村 80% 的大小工厂都为 SHEIN 服务，以 SHEIN 为中心，所有工厂距离半径都在 5 公里以内，为 SHEIN 做到快速反应提供了地理优势。

SHEIN 解决了"库存"这一行业难题。供应商工厂最担心的是如何备原料库存，备多了客户不给订单或订单变化，容易造成面辅料库存积压，造成损失；备少了又会影响交货，而且单独购买也并无成本优势。SHEIN 彻底解决了这个问题，方法是面辅料由 SHEIN 公司统一购买，提供给工厂，工厂只管加工制造。这样，不仅可以发挥 SHEIN 集中采购的成本优势，还能解放工厂，不用担心采购物料的库存问题，专心生产。

SHEIN通过产业价值链的改造，对企业价值链的创新，再加上营销、产品与供应链高效协同，使业务流、资金流、信息流、物流高效流转，快速发展，市值达到了上千亿美元。

企业的价值链显现了设计、生产、营销、运输等为客户创造价值的一系列活动、功能之间的连接情况。优化价值链中的环节，减少浪费、降低消耗，提高劳工条件等，就能实现可持续经营。

4. 供应链变现

供应链是企业的生命链。通过优化供应链流程和管理，就能提高供应链的效率和稳定性，为产品变现提供强有力的保障。

——王冲

案例：蜜雪冰城缔造变现"神话"

蜜雪冰城有2万家门店，能生产4.5亿杯柠檬水、2亿杯百香果、1.9亿杯珍珠奶茶……在无比内卷的茶饮赛道，"雪王"的创始人张红超是如何缔造"神话"的？

为了强化自身的供应链能力，蜜雪冰城的供应链采用了重度自建的方式。具体如下。

（1）产品开发和工厂制造。产品开发和工厂制造由蜜雪冰城旗下的大咖国际食品有限公司负责。截至2022年3月，蜜雪冰城已建成252亩智能制造产业园和13万平方米全自动化生产车间。通过自有工厂，蜜雪冰城把控着原材料的成本和品质，可以最大限度地发挥出供应链的规模和效率优势。如今，大咖国际的工厂不仅为蜜雪冰城提供原材料，还通过溢出的产能为外部同行提供食品原材料的供应。

（2）物流运输和仓储配送。截至2022年3月底，蜜雪冰城已在河南、四川、新疆、江苏、广东、辽宁等22个省份设立了仓储物流基地，构建了一个基本涵盖全国的物流运输网络。在此基础上，蜜雪冰城还建有多个配送中心，形成了覆盖全省各大中城市以及乡镇市场的冷链物流配送网络体系。这些物流仓储配送的基础设施，让蜜雪冰城能够很好地控制物流仓配效率，也能及时响应终端门店的订货、配送等服务需求。

（3）供应链数字化建设。为了避免快速扩张背后隐藏的管理问题，尤其是食品安全问题，蜜雪冰城在其招股书中明确提出，其募集资金的用途之一就是数字化构架项目。

那么，蜜雪冰城的供应链到底有多赚钱呢？其招股书显示，2019年、2020年、2021年蜜雪冰城的营业收入分别为25.66亿元、46.8亿元、103.51亿元。归母净利润分别为4.45亿元、6.32亿元、19.1亿元。三年净利率高达为17.1%、13.5%、18.45%。在那三年中，当竞争对手"某某茶"们都在为利润率发愁时，蜜雪冰城却在通过供应链闷声发大财。

在当今的商业环境中，供应链管理已经成为企业竞争力的重要组成部分。采用传统的经营模式，容易遇到库存积压、应收账款周期长等问题，导致资金占用率高、流动性差。而供应链变现则能有效缓解这些问题，提升企业的资金利用效率。蜜雪冰城就是以"供应链"为核心的盈利方式，走出了一条与同行不太一样的商业模式。

供应链盈利模式的核心是提高企业运营效率、降低成本、优化资源配置和创新业务模式；积极开展整合物流、贸易和金融等多元化服务，提供一站式的供应链解决方案，就能实现盈利和可持续发展。

5. 产业链变现

在产业链模式下，企业从源头到终端全面把控产品或服务的质量与成本，可以增强企业的竞争力和抗风险能力，使其在市场中占据更有利的地位。企业通过整合原材料供应、生产加工、销售渠道等环节，形成完整的产业链闭环，就能提升整体效益，实现可持续发展。

——王冲

案例1：养殖场全产业链项目盘活产业园区

北京正大蛋业有限公司位于北京郊区，看似普通的蛋鸡养殖场，却藏着众多奇思妙想。这里不仅实现了从蛋鸡养殖到鸡蛋的生产加工，还创造了一个"政府+企业+银行+农民合作组织"的四位一体的新模式。

正大平谷蛋鸡项目由饲料厂（年产量18万吨）、青年鸡场（存栏量100万只青年鸡）、蛋鸡场（18栋蛋鸡舍，存栏量300万只蛋鸡）、蛋品分级和液蛋加工厂、鸡粪有机肥加工厂及鳄鱼场等组成。年产鲜蛋5.4万吨，其中包含1.8万吨的液蛋、0.5万吨深加工蛋品；年产鸡粪有机肥3万～4万吨等。

很多人可能会奇怪，既然是鸡蛋产业园，为什么会有鳄鱼场和化肥加工厂？设想一下，如果一座蛋鸡养殖场的存栏量是300万只，每年就会产生4.2万吨鸡粪，每天自然淘汰的蛋鸡约有400只。将这些直接丢弃，只能造成巨大的浪费。为了实现循环经济目标，正大集团将有机肥工厂变废为宝，售卖给了周边种植果树的合作社。

那如何处理死淘鸡呢？按照国家政策规定，死淘畜禽必须经过严格的无害化处理，这对于养殖企业来说也是一笔巨大支出。为了在保护环境的同时将企业利益最大化，正大集团注册成立了泰鳄湖养殖有限公司，投资1140万元，建设了占地1000平方米的现代化鳄鱼养殖温室。2013年公司正式引进了近1000条暹罗鳄，而一条鳄鱼一年的饲料成本是600元，每条鳄鱼每天可以消耗鸡肉4～5公斤，这些死淘鸡有了用处，完全可以用来饲养鳄鱼。

这样一来，养殖场不仅不用额外支出饲料，还可以帮助蛋鸡场处理所有死淘鸡，节省了无害化处理的支出。饲养出来的鳄鱼具有极高的经济价值，比如，鳄鱼肉可以入菜，鳄鱼皮可以制作高档的皮具，鳄鱼的胆还可以用来酿酒等。

通过这样的循环链条，正大集团实现了产业园区的良性运转。该项目运营至今，目前仍是亚洲单体规模最大、现代化程度最高的现代农业全产业链项目。

案例2：整合上游、扶持下游，产能提升5000万元

如何通过整合上游、扶持下游进行利益捆绑？如何能不花一分钱"空手套白狼"？如何能利润倍增迅速扩大市场占比？通过本案例您就能明白。

陆总做调味品的生意已经有几十年了，是整个西南地区做得较大的调味品商，虽说这个行业发展前景好，但竞争也不小，如何才能将事业越做越大、实现扩张、占据更多的市场份额？这个问题一直在困扰着陆总。去年偶然的一个机会，他接触了我的课程，经过半年的学习和老师的辅导，陆总利用以下几种模式实现了企业变革。

招数一：扶持下游。

步骤1. 与下游餐厅合作，交5000元给5000元的货；

步骤2. 每个月返418元；

13

步骤 3.12 个月把 5000 元全部返还；

步骤 4. 如果一年内消耗调味品总金额在 20 万～30 万元，送一台 39800 元的新能源电动车，调味品免费；

步骤 5. 如果一年内消耗调味品总金额在 30 万～50 万元，送一台 49800 元的电动车，调味品免费；

步骤 6. 如果一年内消耗调味品总金额在 50 万元以上，送一台 59800 元的电动车，调味品依然免费。

招数二：整合上游。

步骤 1. 找上游厂家，给到厂家 100 万元；

步骤 2. 转让 49% 的股份给陆总；

步骤 3. 厂家一年的产能只能做到 1200 万元，利润 10%。但是如果产能能够做到 5000 万元，利润会有 25%；

步骤 4. 如果陆总能将销售额保底完成 5000 万元，工厂老板再转让股份；

步骤 5. 如果达成目标，再奖励陆总 100 万元。

陆总给到下游的方案具有很大诱惑，其实他是以亏损的方式在做引流，餐厅和陆总合作，给陆总导入了大量订单，有了这些订单，工厂的产能迅速提升到 5000 万元。陆总用对赌的方式，没花一分钱就得到一家工厂。

上游–企业–下游都"拴"在一条绳子上，是利益共同体。事实证明，跟供应链上下游的伙伴建立深厚的关系，共同成长，就能获得高额利润。

6. 异业联盟变现

异业联盟方式，就是一种能把别人的客户变成自己的客户，能让你在休息的时候，别人还帮着你赚钱的模式。它通过不同行业企业间的深度合作，实现了资源互补、市场共拓与风险共担，可以为企业带来前所未有的发展机遇。

——王冲

案例1：通过异业联盟，客户源源不断

某县城有一家美容院，在开始时小有名气，不论是店内设施，还是技术服务，人们都会跷大拇指。但经营一年后，店主发现居然没赚什么钱，其间虽然他也不时地加大投入，客户量却没有出现明显的增加，一直都保持在100人左右。

店主知道，要想赚钱，得先有客源，因为增加客源的问题，店主感到头痛不已。后来，经人介绍，他参加了我的课程，通过了解并运用异业联盟的方式，搭建了客户与美容院之间的桥梁，获益颇丰。具体过程包括如下两个阶段。

一是准备阶段。

（1）制作精美院画册。该画册图文并茂、内容翔实，内容包括美容院简介、经营者简介、服务项目、硬件设备、店内环境、美容师资质、经营品牌、收费水平、客户结构层次及消费水平、在区域内的影响力等，将自身的资源优势充分展示了出来。

（2）绘制详细的"区域资源地图"。在地图上，店长以美容院为圆心，以500米、1000米、2000米为半径画图，标示主要街道和一些主要企业，比如，珠宝首饰店、医院、银行、酒店、健身中心、百货超市、婚纱影楼、保险公司等，进行分析，并制作了完整的资料档案。

（3）制作拜访时间表。参照美容院自身的实力、区域覆盖力、客户情况，以及与本院的关联性，筛选出准备结盟的目标客户，按照重要程度和可行性对目标客户进行分级，制作拜访的时间表。此外，为了说服客户，该美容院还结合目标客户的特点，制订了不同的洽谈方案。

二是实施阶段。

（1）VIP贵宾卡的互通。VIP卡的互通，为双方搭建了最基本的资源平台。客户只要持美容院的VIP卡，就可以在酒店里享受9折优惠，特价菜、包席和酒水除外；可以在美容院享受8折优惠，特价项目和购买产品除外。

（2）宣传推广。为了营造声势，双方一起推出了一系列的宣传活动。大家费用共摊，效用共享，好好火了一把。具体有：在县电视台做了一个月的电视广告，发布结盟信息；双方在各自的门口都挂上了联盟企业的牌匾；印制了一批DM单，推出了一系列优惠活动，派专人在全县派发；酒店在门口广告栏中给美容院设置了一个专栏，建立了美容专版，美容院可以发布有关饮食与美容、保健与养生的知识软文，以及美容院的简介和动态信息等；作为回报，美容院在本院临街门面前为酒店也做了一个形象路牌广告。双方互为宣传窗口，扩大了宣传面，促进了客源之间的流动；美容院协助酒店创办了《健康美食》月报，倡导绿色美食、营养美食和健康美食。在月报中，美容院设有"饮食与美容"专家讲座栏目，受到了女性食客的欢迎，营造了好口碑；美容院给酒店提供了一份美容菜谱，让酒店学会制作。美容院还制作了专门的"美颜菜单"，附在酒店的原菜单后面，包括美容菜品、美容靓汤、滋补粥品和美颜茶品等四大类，图样精美，介绍详细。

（3）联合推广美容食疗节。美容菜单的推出，在当地的餐饮界和美容界引起了很大的反响。之后，双方又策划了当地第一届美容食疗节，以"健康的美食创造美"为主题，弘扬饮食与美容的交融文化。经媒体宣传后，美容院的声望大涨，赢得了竞争对手的尊重。

（4）联合促销活动的推广。美容院和酒店开展了一系列联合促销活动，如兑换券的互通使用。客户只要在酒店消费100元，就能获赠一张美容院30元美容现金券，既新颖又实惠，双方都达到了促销目的。

通过这种方式，美容院增加了不少新客户，新客户感受美容院的服务后，很多办了会员卡，成了稳定客户。同时，酒店在店内促销抽奖和老客户的答谢礼品中都使用了美容院的产品和服务，双方各得所需，酒店节约了成本，美容院也提高了销量。

案例2："五步走"规划，实施异业联盟合作

章总在社区经营着一家内衣门店，已经有四年时间，有一定的VIP客户数量。为了促进本年度的健康内衣概念，结合我们的异业联盟的策略，他根据"五步走"规划，实施了一种非常漂亮的异业联盟合作战略。

第一步：寻找优质的异业联盟合作机构。

章总在周边的商圈中找到几家与自己的客户群体档次最接近的合作商家，包括母婴用品店、美容院、化妆品店、养发馆等。最终，他确定了一家美容院，原因有四：其一，美容院的刘总心胸开阔，愿意共享客户资源；其二，美容院的刘总接受过许多培训，思路好，能快速地接受新生事物；其三，刘总也有一支执行力强的团队，具备操作主题活动的经验；其四，美容院和自己的产品结合度高，更容易产生搭配套餐消费的方式。

第二步：设计双赢的策略。

章总在与美容院刘总几番沟通后确定，对VIP设计出了一年的主题活动，包括"胸部健康护理方式""如何正常地选择内衣""让乳房升杯的按摩技巧""免费检测乳腺疾病与日常养护"沙龙。并确定出双方的成本共担与利益共享方式，沙龙在美容院刘总的VIP会议室进行，邀请双方的客户参加，每次的参与人数为30人以内（以方便每一位客户都有导购能跟进到），赠品由双方各自提供。每次活动双方均提供主讲老师讲授各自的专业内容。双方设计搭配销售套餐，并设计后利益分配方式。

第三步：设计能吸引客户参与的主题活动或沙龙。

章总与刘总设计的活动，有利于双方开拓自己的业务。内衣店可以销

售产品，美容院可以销售胸部护理与升杯项目，双方均有开拓市场的空间。例如：开展"胸部健康护理方式""如何正常地选择内衣""让乳房升杯的按摩技巧""免费检测乳腺疾病与日常养护"讲座、沙龙等。

第四步：设计客户产生买单的行为流程。

这家内衣品牌店近年来一直都很重视对内衣导购的沟通技巧培训，其教学PPT制作相当精美。尤其是在教育女性客户关爱自己、关爱乳房方面的培训内容做得相当到位。在以沙龙形式的活动中，章总店里的店长与资深导购均可以讲授客户如何选择适合自己的健康内衣与量体配码的方法。

通过PPT的演示与女性乳房健康的深入与煽情讲授，多数客户会坚定地把自己身上的劣质文胸换掉。

在设计沙龙流程中，互动性的授课是相当重要的一个环节。本着美容院与内衣店双赢的原则，其流程设计中包括：开场舞蹈（营造氛围）；小抽奖（激励客户参与）；互动讲授"乳房健康护理方法"（可请咨询导购讲，也可请专业人士讲）；量体配码与个性化诊断（植入广告时，导购或美容顾问的一对一体验，其销售话术均需要经过专业的设计。此阶段是至关重要的销售与买单环节）。现场折扣与套餐价格（比如，买美容卡送文胸，购文胸××元送几次美容体验。其结算价格由双方老总自行确定，其目的是搭配销售，共享利益）。

第五步：持续维护客户关系。

每次举行沙龙活动以后，都又一次与客户建立了亲密接触的关系，但这种关系很快会在时间中被弱化。为了使客户能建立与他们最强的黏性，沙龙活动后，他们进行了一对一的持续问候。

为了增加客户的到店率与成交额，每周、每半月、每月都有固定的导购进行不同方式的交流；为了不断吸引消费者购买，导购话术也进行了专业设计，同时配合相应的主题活动。

内衣店与美容院合作出一套成熟的模式后，开始向其他异业合作者推行。

不同行业企业间进行深度合作，就能资源互补、互相引流，抱团取暖，帮助商家拓客引流、提高销量，还能对店铺的长远发展起到重要的帮助作用。

7. 资源变现

如果你拥有资源，就可以采用资源变现的模式，让资源为你带去收益；如果你拥有垄断性的资源，就有了定价权，价格由你说了算！

——王冲

案例：通过资源交换，带来近2000万元的收入

李总经营着一家汽车美容公司，生意一直平平淡淡，十几年来，虽然没亏损，但也没赚什么大钱。随着同行越来越多，竞争也越来越大，怎样才能让更多人进店，成了李总最忧虑的事情。后来李总运用几招将企业进行了裂变。

招数一：切割客户。

步骤1.将客户进行切割；

步骤2.车价在50万元以上的客户免费成为门店会员；

步骤3.24小时上门服务；

步骤4.全年免费洗车，次数不限。

招数二：借平台。

步骤1.与保险公司合作；

步骤2：只要购买保险公司的车险，免费成为门店会员；

步骤3：3个月的时间，李总门店与保险公司互导客户7000余人。

招数三：收入链延伸。

步骤1. 与某高端品牌矿泉水合作；

步骤2. 在洗车过程中推销矿泉水；

步骤3. 给员工矿泉水整件销售提成；

步骤4. 成为当地该品牌矿泉水的最大代理商。

招数四：中介平台。

步骤1. 与房地产开发商合作；

步骤2. 定期组织会员到海南旅游；

步骤3. 免费提供往返机票、五星级酒店食宿（房地产开发商支付）；

步骤4. 带会员参观房产，成交买房，成为房产中介。

招数五：产业链延伸。

步骤1. 成立酒店管理公司；

步骤2. 房屋每年只自住一到两个月，空置率高；

步骤3. 公司帮忙将空置房屋出租给游客，收取出租佣金；

步骤4. 业主租金分红，支付按揭款。

李总通过资源交换，从一家汽车美容店变成了保险中介、矿泉水代理商、房地产中介，仅房屋销售一项就能带来近2000万元的收入。

须知，未来的生意就是要做淡主业，做大副业，最终实现"不务正业"，将自己的主业作为一个引流入口，用整合资源来赚钱。资源变现要注意以下三个方面：第一个是搭建平台。将手中的资源整合到一个平台上，通过提供信息交流、服务对接等功能，吸引用户付费使用，实现资源变现。第二个是提供服务。利用自身资源提供专业的服务，如咨询、培训、策划等，以满足市场需求，实现收益增长。第三个是创新产品。结合资源特点，开发具有竞争力的产品，通过销售产品实现资源价值的最大化。

8. 信息变现

信息，是当今社会最宝贵的资源之一。通过精准的数据分析、深入的市场洞察，就能将信息转化为有形的价值。每一次点击、每一次浏览，都可能隐藏着巨大的商业机会。

——王冲

案例："红海市场"运用信息差成功变现40w+

文学作品虽然卷成红海，但依然有人靠信息差闷声发财。做相关文学类自媒体的人很多，成功变现的人很少。绝大部分账号的情况是，偶然一两篇走心的软文踩到风口小爆一番，而后又归于平静。而我观察到的一个文学博主，却通过信息差，实现了"稳定爆文"，并通过电子书、音频书成功变现40w+。怎么做到的？

文学作品扩展到公版图书，最常见的问题就是太容易复制。你发《呐喊》，她也可以发《彷徨》，系统的查重机制都能给你扼杀在摇篮里。想要冲出重围，唯一的方式就是创造稀缺性。一条路是原创，这个门槛自然是高的；另一条就是这个博主在做的稀缺文学作品更新，打的是信息差。具体来说，一是寻找国外的无版权文学网站，进行二次编辑后发布；二是以国外文学市场为风向标，寻找国内小众而国外走红的类似文学作品；三是信息延展，盯着国外有获得诺贝尔文学奖潜力的作家，争取首签他们的作品。靠着这三类信息差，硬生生在卷成一片的红海里，做出特点稳定变现。赚钱的逻辑无外乎两类，一类你能创造，另一类你能传递。创造者赚的是劳动力的钱；传递者赚的是信息差的钱。

在信息爆炸的时代，如何捕捉并利用其他信息赚钱，成了许多老板关注的焦点。在这里我重点讲一下如何利用信息差赚钱。

首先，我们需要明确自己的目标受众和市场需求。通过市场调研和数据分析，我们可以发现哪些信息是当前市场最需要的，从而有针对性地进行信息收集和整理。

其次，我们需要将这些信息进行深度加工和包装。这包括数据的可视化、故事的讲述以及专业解读等方面。通过巧妙地将信息与市场需求相结合，我们可以打造出独具特色的信息产品，如行业报告、市场预测、消费趋势分析等。

最后，我们需要寻找合适的销售渠道和推广方式。这可以通过社交媒体、线上平台、线下活动等多种渠道进行推广和销售。同时，我们还可以通过与相关行业的企业或机构合作，实现信息产品的共享和互利共赢。

利用其他信息赚钱不仅具有广阔的市场前景，还带来了诸多好处。

首先，信息变现可以帮助我们实现个人价值的最大化。通过将自己的知识、经验和见解转化为有价值的信息产品，我们可以获得更多的经济回报和社会认可。

其次，信息变现有助于推动行业的发展和创新。通过分享和传播有价值的信息，我们可以促进整个行业的交流和合作，推动行业的共同进步和发展。

最后，信息变现还可以为我们提供更多的创业机会和选择。在信息变现的过程中，我们可以不断挖掘新的市场需求和商业机会，拓展自己的业务范围和发展空间。

9. 授权变现

授权变现最典型的是一些运动品牌收取授权费用，品牌授权出去后，生产、销售都由别人全盘操作。好的产品、技术、品牌、版权、专利、资质等都可以通过授权使用的方式实现盈利。授权使用模式是一种成本非常低的变现方式。

——王冲

案例：南极人品牌授权，营收13亿元

旗舰店、官方店、自营店、专卖店、直销店、工厂店，让很多人眼花缭乱。这些都是真的南极人吗？确实！这些林林总总的都是南极人。不但如此，南极人不仅有保暖衣，还有时装、鞋袜、床品，以及厨品、户外、配饰、家电和食品等，产品琳琅满目，应有尽有。

其实，南极人早就不生产产品了，它们只经营品牌。

南极人成立于1997年，是中国最早成立的内衣企业之一，首创保暖内衣新品类，开辟了一条全新赛道。公司运营了10年，品牌名气越来越大，竞争对手也越来越多，赚到的钱却越来越少。于是，在2008年，它们关闭了所有的工厂，自己不生产产品，也不卖产品，找到那些做得还不错的同行，把品牌的商标授权给它们来使用。这些同行每年只要给它们支付几十万元的品牌使用费即可。而这些工厂生产出来的产品不错，但没有品牌的加持，产品卖不上价钱，双方一拍即合。数据显示，高峰期有1800多家工厂使用南极人的品牌，光这笔费用每年就好几亿元。

在品牌授权上，南极人开创了全品类授权的先河。经销商只要跟工厂签订了合同，就可以以工厂名义自主进货，购买南极人商标再销售。比如，商家原本卖 80 元的牛仔裤，贴牌南极人直接可以卖到 150 元，而一件产品的贴牌费只要几元钱……这个所谓的"共同体商业模式"还包括南极人为被授权贴牌商整合终端经销商资源。

更匪夷所思的是，早年南极人虽然以保暖内衣起家，放开授权后经营范围却更加多样，可以满足客户的吃穿用度，终端各种旗舰店、官方店、专卖店、直营店、工厂店也是数不胜数。甚至有人说"万物皆可南极人"，南极人也因此赚得盆满钵满。从 2016 年到 2019 年，南极人的营业收入翻了 8 倍，达到了近 40 亿元。其中，2019 年一年时间，品牌授权相关营收合计约为 13 亿元。其间，南极人更是以惊人的 93.36% 的毛利率，成为 A 股电商"毛利之王"。

品牌授权也是品牌传播的一种方式，可以增加品牌与目标消费者的接触，提高客户的品牌忠诚度，从而增加品牌盈利。不过，无论品牌授权方式怎么变化，本质都在于品牌。如果消费者对这个品牌缺少认知，就不是品牌授权，授权变现更无从谈起。

10. 补贴变现

制定合理的补贴政策，吸引客户消费，提升市场份额，就能为变现提供有力支持。

——王冲

案例1：拼多多"百亿补贴"挑战阿里、京东

拼多多的崛起，首先依赖的是淘宝放弃的大量白牌商家和工厂店，通

过 9.9 元包邮和低价商品崛起，打响了头枪。但真正让拼多多进化为足以挑战阿里和京东的主流电商平台的，还是"百亿补贴"。

2019 年 6 月，拼多多刚推出"百亿补贴"，外界根本就没人看好，甚至有些专家也觉得这只是一个烧钱换增长的手段罢了。结果呢？让专家大跌眼镜的是，百亿补贴刚推出就获得了巨大的成功！

拼多多"百亿补贴"的钱是从哪里来的？一部分是由拼多多实打实拿出来的，这一点从财报里每个季度同样飙升的销售费用可以看出来。值得玩味的是，销售费用的涨幅却远远落后于净利润的涨幅，在最近两年尤其如此。难道背后还有隐藏大佬在撒币，填上了剩下的"亏空"？确实，他们就是中国各行各业的经销商。

拼多多百亿补贴跟"双十一"和"618"不同，其主力是经销商而非各大品牌。比如 iPhone，在京东和天猫，价格不是问题，有没有货才是问题。然而，中国天南海北的经销商手里握着大量的 iPhone 现货，且经销商对自己手里的货拥有最终定价权，品牌方无权干涉。

这些经销商与拼多多合作，就能拿到平台的流量补贴，顺利出货回笼资金；而客户可以购买到低于官方零售价的 iPhone。在这个过程中，拼多多通过支付流量也实现了"百亿补贴"。

真正出钱补贴用户的，其实是经销商，拼多多出的是流量。不仅是 iPhone，拼多多还将这一成功案例迅速扩展到了几乎整个标品品类，甚至开始进军非标品品类。

百亿补贴诞生两年以后，拼多多在 2021 年第二季度实现扭亏为盈，随后更是一路领先，每个季度的盈利同比增长没有低过 300%，最高更是逼近 600%。

案例2：美团用户补贴策略年经营利润134亿元

近年来，美团在盈利能力上取得了显著成绩。从 2018 年到 2023 年，毛利率从23.16%增长至35.12%，净利率从负177.06%大幅提升至5.01%。之所以能取得这样的成绩，还要归功于美团在提升运营效率和订单密度、优化用户补贴策略等方面的努力。例如，美团优选和美团闪购等新业务的收入增长，成为盈利提升的重要驱动力。2023年，美团实现经营利润134亿元，显示出强大的盈利能力增长势头。

美团的用户补贴有如下两种策略。

（1）精细"棋局"精准补贴与多样化形式。美团采用多种补贴形式，包括红包、返现、满减等。通过精准补贴策略，维持用户黏性并降低费用率。例如，过去三年单均补贴费用维持在0.8元/单，随着客单价提升，补贴费率下降至1.7%。针对中高频、中客单价用户及会员群体倾斜补贴资源，在高客单价场景加大补贴力度。

（2）算法助力与促销策略。利用算法优化补贴精准度，确保补贴投向目标用户。推出"限时补贴，全网低价"活动吸引用户。采用多样化促销策略，如全额抵扣红包、赠送服务等，还将补贴向流量形式转变，为电商业务开展限时秒杀、百亿补贴等优惠活动。

面对抖音的凶猛攻势，美团内部出现了代号为"烽火"的方略。美团"烧钱"补贴力度不断增加，具体来看：2023年第一季度的销售及营销开支为104亿元，同比增长14.6%；2023年第三季度的销售及营销开支为169亿元，同比增长55.3%，环比增长16.2%；2023年第四季度的销售及营销开支为167亿元，同比增长55.3%，销售费用率由17.9%提升至22.7%。2023年全年，美团的销售及营销开支高达586亿元，同比增长47.5%，占收入的比例也由上一年的18.1%，升至21.2%。也就是说，2023年美团拿出收入的五分之一来用于营销。

美团表示，销售及营销开支金额及占收入百分比的增加主要是由于消费恢复、商业环境以及商业策略变化导致交易用户激励、推广及广告开支增加，经营利润的下降主要是由于较高的补贴率。美团的积极应战，暂时守住了根据地。

我们平时点餐享受外卖的便捷，看似简单，其背后运作却是个复杂且烧钱的系统。而让消费者用相对低廉的价格享受这些服务，靠的不是什么魔法，而是平台的补贴。烧钱补贴，可以圈住商家和用户，形成垄断地位，找到合适的盈利模式，也就是烧钱博未来。

11. 租赁变现

解锁资产价值，创新租赁模式，通过租赁实现稳定收益，让闲置资源焕发新生。

——王冲

案例：从卖所有权到卖使用权，机械也能"充费"

我有一个学生是做工业机械的，专门做注塑机，他原来的年销售额有一两亿元。后来，在我的辅导下，他仅用了两年时间，就做了近 8 亿元。德国的注塑机 120 万～150 万元一台，日本的注塑机大约 100 万元一台，中国的注塑机 20 万～50 万元一台，过去卖的是所有权，然后首付 30%，剩下 70 万元两年内付完。现在非常简单，只要交一半的钱作为保证金即可。保证金不需要用实体钱来付，只要用资产来抵押给第三方鉴定的公司就可以。比如，客户一共拿了我 20 台注塑机，一台注塑机 100 万元，一共 2000 万元，不用直接给我 2000 万元，只需拿 1000 万元有效的资产质押在我的第三方鉴定的公司就行，这样一分钱都不用付。它里面有个中央芯片，记录着你使用这台注塑机的所有过程。

把注塑机变成跟手机一样，里面如果有话费就可以打，没话费就会告诉你："尊敬的用户您好，余额已不足，请及时充费，以免影响您的正常

27

使用。"注塑机也一样，这张卡的芯片会告诉你："尊敬的老板你好，你的余额已不足，请及时充值，以免影响生产计划。"这样，就把过去一次性的费用变成了持续性的过路费。像水龙头一样，只要拧开水龙头，电表转起来，就能收取电费和水费。

我根本就不用担心客户会把注塑机拿去卖，为什么？首先是因为资产抵押在我这儿，且是经过我审核评估的资产。其次，我不怕你弄坏了，因为你的资产在我那里质押，我可以起诉你，把所有东西都变成我的……我既不怕你卖，也不怕你损坏，这台注塑机就会变成源源不断的收钱机器，你只要使用，就得给我付钱。这就是创新的商业模式，从卖所有权到卖使用权。

什么是租？就是将自己已有的资产租出去，供别人使用，而自己得到租金。这种方式，同样的一个东西或资产，可以重复租赁，多次出租，赚得的利润也是可观的。比如，出租图书、出租玩具、出租房子、出租器具、出租品牌名等。不过，租出去的物品或资产，必须保证质量。

12. 物流变现

优化物流流程，可以提升运输效率，实现物流成本的降低和盈利能力的提升，完成物流效率革命。

——王冲

案例：9.9元包邮，商家和快递赚钱的秘密

中小物流企业可能通过获取物流信息，赚取货物价格差价获得利润。而高级物流企业则可能通过物流方案策划，优化社会资源整合，降低企

物流成本，从中赚取利润。

我的一个客户利用电商平台9.9元包邮，与快递站点建立了合作关系，通过赚取快递派送费用的差价来实现盈利。简单来说，他购买低价商品，并将这些商品发往合作的快递站点。通过与快递站点的老板协商，他就可以获得每单的派送费用，一般为1元，而成本大约为0.5元。通过这种方式，即使每单的利润只有几毛钱，积少成多，也能实现可观的收益。

具体操作流程包括如下三个环节。

（1）以"小"博"大"。商家会把价格的利润降到最低，但是却能换来更大的销量，而且很多人在购物的时候习惯看销量，销量高就感觉多了一份保障，用最小的利润来换取更大的流量和销售量，所以商家的这种销售方式也是很赚钱的。

（2）与快递公司合作。快递公司内部人说，当订单量比较大的时候，会采取与商家合作的方式按月结算，或者设置包邮区域这样价格和平常的订单价格是不一样的，而且快递也可以大量揽件，也是薄利多销，可以扩大话语权。

（3）吸引眼球赚流量。一件商品9.9元包邮，可能利润比较小，但是通过这一件商品却能吸引消费者领券，办会员参加一些其他的促销活动，甚至还可以收取其他商家的广告费。

所以总的来说，9.9元包邮是三方受益，快递、商家、消费者都是满意的，所以不要认为9.9元的商品是噱头，骗人的，只要商品值这个价格就可以放心购买。低价商品的售价可能只包含了部分成本。在快递服务中，快递公司与商家之间的合作关系，以及物流的效率等也成为影响成本的因素。商家和快递公司在订购快递服务时会进行深入的谈判来平衡利益，以获得更大的收益。

物流行业，蕴含巨大的创业机会。不过普通人由于缺乏行业经验、客户基础薄弱、运营成本高昂，有着很多难以逾越的障碍。因此，可以先在行业内积累经验，或借助亲朋好友的支持，逐步摸清门道，再用这样的模式来运营。同时，要找值得信赖的合作平台，包括运输车辆、仓储设施、信息技术等，快速构建起完善的物流体系，降低运营成本，提高运营效率。

13. 赛道变现

越是赚不到钱，越要考虑赛道！赛道决定终点，选择什么赛道决定着你能走多远。

——王冲

案例：一碗麻辣烫，2个月旅游收入超过76.95亿元

2024年与旅游相关的话题异常火爆。在人们旅游玩得开心的同时，大量商家靠"旅游流量"赚得"盆满钵满"。如甘肃天水靠一碗麻辣烫吸粉无数，两个月旅游收入超过76.95亿元。

麻辣烫在甘肃天水不算名小吃，却在2024年春天火起来，让这座小城成为全国热门旅游目的地和现象级IP。据统计，从2024年3月初至"五一"假期结束，短短2个月时间，人口只有300万的天水市累计接待游客1338.17万人次，游客旅游花费达76.95亿元，同比分别增长35.69%、36.52%。

这一案例反映出，文旅赛道正在疯狂释放红利。选择比努力更重要！选择和努力不在同一个维度，选择比努力高一个维度。在此不是说让所有老板都进入文旅赛道，而是让老板知道赚钱的通路在哪里。

文旅局数据显示，全国国内旅游出游合计 2.95 亿人次，同比增长 7.6%，按可比口径较 2019 年同期增长 28.2%；国内游客出游总花费 1668.9 亿元，同比增长 12.7%。

事实上，2023 年旅游市场异常火爆。官方数据显示，2023 年国内出游人次 48.91 亿，同比增长 93.3%。

达人疯狂涨粉的背后，文旅内容正在成为"流量"，文旅赛道也将是未来几年投资人追逐的赛道。

在财富巨变的时代，选择赛道永远比努力奔跑更重要。

20 年前你只要胆大敢干，抓住了风口，那么你今天必然是个企业家或是一个商家。

10 年前你只要买了一套或多套房产，抓住了房地产行业改革的黄金十年，那么你的财富必然轻松超越那些以前和你在一起打拼没有买房的小伙伴。

你也可能会因为一个选择一夜暴富。假设 10 年前你有 1 万元，如果你只是存成银行定期，那么今天你就只有 1.3 万元。但如果你选择了买茅台酒，那今天就有 4 万元。

既然你选择了创业，那么你一定也要选择创业中的好赛道。

企业成立初期，固然需要有热情和拼搏精神，但如果选错了方向，努力可能会事倍功半，甚至是无用功。赛道的选择决定了你企业能进入多大市场、拥有多大增长空间以及面临多少竞争对手。如果你选错了赛道，即使投入再多的资源，也难以顺利运营，更无法盈利。

14. 平台变现

拥有一个优秀的平台，就像是拥有了无限的可能性。利用平台的资源优势，实现跨界合作，拓宽变现渠道，就能让价值无处不在。

——王冲

案例1：韩都衣舍平台模式销售额快速增长

企业通过搭建一个开放、共享、协同的平台，将内外部资源进行整合，就能提供更加高效、便捷、个性化的服务。平台化运营的核心在于，打破传统组织的边界，实现资源的优化配置和共享，从而提升企业的竞争力。服装品牌韩都衣舍由赵迎光在2008年创立，初创时年销售额300万元，团队成员只有40人；而到了2014年，这两个数字已分别增至15亿元、2600人。他是如何实现这样快速增长的呢？

其实，韩都衣舍之所以能快速成长，其核心支撑力量还在于它那"以小组制为核心的单边平台模式"。正是因为采用了这一模式，韩都衣舍才能从一家小小的韩装代购网店发展成了拥有多个自主品牌的服饰大品牌，将企业打造为时尚品牌的孵化平台。

企业提供标准化的供应链、IT、仓储、客服等四大方面的专业服务，子品牌的运营则完全交给业务自主体（买手小组）。

买手小组一般由运营员、选款师、韩语助理、页面制作、库存维护、文员等3～5人组成。其各自的责任如下：

选款师把握时尚尖端，判定一个产品在网络上是否有前景；

运营员工主要负责网店经营，各小组的资金完全独立核算，业绩提成与小组的利润挂钩；

公司会为小组提供初始的运作资金，各小组的资金使用额度是上个月销售额的70%，各小组的库存周转率也是影响业绩提成的重要指标；

销售额排名靠前并保持良好库存周转率的小组，公司会提供特别额度，用于商品生产；

公司不仅鼓励员工创立新的买手小组，还设立了"韩都大学"，储备了大量新员工，同时对他们进行基本的技能培训；

成熟买手小组的员工，可以向审核委员会申请，组建新的买手小组。如果小组的年销量超过5000万元，就会晋级为成长品牌，就能拥有专门的事业部，将产品和市场独立开，原小组成员成为组长，主要职责是带领团队成员一起奋进；

年销售额超过1亿元的小组，就会升级为成熟品牌，以子公司的形式运营。

案例2：构建家居行业平台业绩增长30%～50%

崔总深耕传统家具五金行业已有20多年，客户群体在行业中最广，涉足整个家居建材行业，客户群体非常庞大，合作的客户超过十几万家。

在经营过程中，崔总发现了整个家居行业的几大痛点：一是行业体系不健全；二是订单进度和验收无法把控；三是人员不好管理。为了解决行业痛点和难题，崔总走进了我的课堂学习，并通过以下几招对家装产业格局进行了重新塑造。

招数一：场景切割。

步骤1.线下。一是通过展会、沙龙等活动方式，进行销售和招募合伙人；二是通过城市合伙人的招募，快速形成品牌直营线下体验店，把服务深入用户小区，形成产业链。

步骤2. 线上。一是严格筛选设计师、原材料、家具软装上中下游品牌供应商；二是各大建材市场门店店主和公司通过线上系统，找到相关设计师，做好售后服务；三是提供一站式服务，解决用户安装、设计、选材问题。

步骤3. 融合。线上线下融合，互相导流，为行业内的上中下游供应商提供了更广阔的市场空间，最大限度地让利给客户，摆脱装修选不好、服务不到位的烦恼。

招数二：构建产业链。

步骤1. 打通国内中心区的线下体验店；

步骤2. 透过线上的品牌植入挖掘用户刚需；

步骤3. 扶植同行的建材、家居、装修店进行产业升级；

步骤4. 改变过去混杂、高流通成本、品质不一的产业乱象，通过分享经济、共享经济把小公司做成大公司，最后做成大家的公司。

招数三：标准化复制。

步骤1. 建立商学院；

步骤2. 统一培训提高行业设计师和安装工技能；

步骤3. 减少出错率，建立行业标准。

招数四：收入链盈利。

步骤1. 施工方、建材商家、实体门店的基础服务费；

步骤2. 平台广告费；

步骤3. 运营推广分佣。

经过学习和落地实践，崔总从五金、家具、建材、装修一体化创建了一个非常大的系统，不管是实体企业还是互联网平台，在这两年都取得了巨大的进步，每年的业绩增长在30%～50%。像崔总这样业绩能完成30%以上增长的企业家，在我的学员中并不只有他一人。崔总不是做生意，而是搭建平台，能真正解决行业痛点的平台，能真正带领大家发展的平台，最终形成个人、公司和平台共生共赢。

平台创业的最大优势是，可以利用平台的规模效应，通过共享资源和用户群体来降低初始成本。这种模式不仅能够满足用户的需求，还能够帮助创业者快速建立起一个庞大的用户群体，吸引更多的用户，为用户提供更加丰富的产品和服务。

15. 跨界变现

打败你的不是对手，颠覆你的不是同行，而是跨界。

——王冲

案例1：跨界联名，阅读量突破3.3亿

近年来，东阿阿胶一直都行走在"传承精华，守正创新"的道路上，正宗道地的东阿阿胶不仅是一家"中华老字号"企业，也是中医药文化的瑰丽珍宝。而奈雪的茶作为一种新潮茶饮品牌，以高品质的茶叶原料、新鲜现做的制作工艺、健康的产品理念和创新的设计理念，深受消费者喜爱。

东阿阿胶与奈雪的茶跨界联名合作，进行深度协同，创新研发出更具健康特色的阿胶奶茶产品，满足了消费者对于健康和美味的双重需求，引发了市场热烈反响。

官宣当天，大量网友参与互动，仅微博话题#奈雪东阿阿胶奶茶升级回归#阅读量就突破了3.3亿。随着"全款喜提一杯阿胶奶茶""熬最晚的夜喝最补的奶茶""00后的第一口阿胶"等热梗的出现，阿胶奶茶也迅速火遍全网。

两家企业的跨界合作，标志着我国传统中医药文化与现代茶饮产业的

完美融合，为消费者带来了全新的味蕾体验。比如，阿胶奶茶2.0版本主打一个"bǔ"，加入了东阿阿胶速溶粉（一种纯正的东阿阿胶胶液成粉），不仅成功锁住了阿胶精华，营养也更容易吸收，被人们称为"东阿阿胶小金条"。温煦的蜜香红茶遇上"东阿阿胶小金条"，实现了鲜牛奶和香甜红枣汁的碰撞。

当时，与奈雪东阿阿胶奶茶同步上线的，还有奈雪东阿阿胶茶咖和奈雪东阿阿胶坚果魔法棒等新品，它们都吸引了消费者的注意，极大地激发了年轻人的社交分享欲。蜂拥而来的客户纷纷打卡，在小红书、微博、抖音等社交平台，都出现了相关的内容和身影。

案例2：跨界打劫免费洗车让生意爆满

老张出身于中医世家，在当地开着一家中医保健会所，主要服务内容包括推拿、按摩、拔罐、足浴等。但是，生意一直都不太好。同时，随着同行的增加，以及美团等团购平台的进入，竞争越来越激烈，价格也越来越低，他的生意一天不如一天。

在朋友的介绍下，老张找到了我。经过沟通，了解到具体情况后，我建议他将自己的客户定位得更精准一点；然后，给这些客户提供最基础的服务，不一定是自己已有的中医保健服务，也可以是其他行业的，吸引客户过去。

认真思考之后，老张决定将目标客户定为有车族。原因有两个：一是有车族的消费能力一般比较高，有一定的经济基础；二是有车族经常开车，身体多数处于亚健康状态，需要他的服务。

确定好客户群体后，他先设计了一个免费洗车的引流方案。只要用户来洗车，就有可能引导成为保健会所的客户。然后，他在中医会所楼下腾出一块地用来免费洗车。洗车时，车主一般都要等待一段时间，他们会将这些人带到楼上自家的中医会所里，让他们在里面舒舒服服地休息一会儿。只要车主进了他们的"地盘",他们就能施展拳脚了。

首先,每个座位上都放着提前准备好的小册子,挂在大厅中的大电视还会重复播放健康节目视频,介绍开车族常见的健康问题以及如何调整和预防,主要都是老张的主营业务——中医保健。内容逼真而攻心,很多客户都会主动咨询。

其次,工作人员会主动端茶倒水,如果车主不好意思,就会在这里消费一点。成交也就顺理成章了。前端是几十元钱的专业足疗,只要走到这一步,后面的一系列保健 70% 以上都会成交。

为了放"鱼饵",老张先印刷了几千张面值 1500 元的免费洗车卡和海报,将海报贴在墙上,将卡片放置于收银台。卡片一面是免费洗车介绍和说明,主要烘托两点:一是免费洗车,二是免费茶水和休息厅。另一面是临时停车卡,主要目的是让客户经常接触和使用这张卡片,进一步提高黏度。当然,上面还留有微信客服二维码,只要车主愿意加客服咨询,就会被拉到微信群里进行统一的维护。此外,老张还跟饭店合作,只要是在饭店消费的客户,都会获得一张面值 1500 元的洗车卡。有车的朋友就自己用,没车的朋友可以送给朋友。

老张布局的时候,始终都站在了人性的角度去设计和思考,互惠共利是关键,很多饭店、大排档、酒楼等自然就愿意跟他合作。

不同行业有着各自的优势和资源,通过跨界合作,可以实现资源的优化配置,提高效率和创新能力。因此选择合作伙伴时,要充分考虑双方的优势和资源匹配度,确保合作过程中的透明度和诚实度,尊重彼此的权益和利益,要建立有效的沟通机制,及时解决合作过程中出现的问题和挑战。

资本篇

16. 借贷变现

花钱容易挣钱难，借钱容易还钱难，借款人要有能力把借款当成以一当十的资本！

——王冲

案例1：低息借入，高息借出

某广告公司老板张先生，相比较其所拥有的广泛人脉资源，其投资经验并不丰富，还停留在原始投资模式上，简单地钱生钱。他意识到自己应该学习一些更先进有用的赚钱方式，在这种心理的助推下，他结识了王冲老师。仅听了几次课，再加上王冲老师的耐心指点，张先生就找到了适合自己的资本变现模式——借贷变现。即充分利用借贷宝平台，将自己的投资资金以借贷的形式借给熟人和朋友，实现资金的变现。

具体的操作流程分为三个步骤：首先，张先生将70%的投资资金通过借贷宝平台借给熟人，这些熟人包括亲属、朋友、邻居、下属和合作伙伴等。他对这些借款人的资产情况、家庭状况和个人品行有详细了解，尽可能确保借款的安全性。其次，张先生根据借款人的不同需求和风险承受能力，将借款标分为短期（1～31天）和中长期（1～6个月）两类。短期标通常利率较高（8%～15%），适合需要短期资金周转的借款人；长期标则利率更高（16%～24%），适合有长期资金需求的借款人。最后，张先生还利用借贷宝的赚利差功能，通过低息借入、高息借出的方式，进一步增加收益。例如，他发现有朋友A发布了一个2万元、15%、

6个月的借款标，他便将其年利率改为10%，并通过"赚利差"功能一键发布。若朋友B愿意借出这笔钱，张先生即可赚取5%的利差收益。

张先生在借贷过程中非常注重风险控制，坚持"不熟不借"的原则，并密切关注借款人的还款情况，一旦发现逾期风险，立即采取措施进行催收或垫付。

通过借贷变现，张先生的资金实现了高效利用和快速增值。

案例2：借助平台，匹配贷款

陈老板原是一位酒店高管，因厌倦了日复一日的打工生活，于2018年年底在佛山开设了一家自己的火锅店。凭借独特的口味和优质的服务，火锅店迅速在当地赢得了口碑，生意日益兴隆。短短半年时间，陈老板便成功开设了分店，规模不断扩大。

随着经营规模的扩大，陈老板意识到仅依靠日常经营收入难以满足快速扩张的需求。为了进一步扩大规模、提升品牌影响力，他决定通过借贷来筹集资金。

陈老板首先尝试通过传统银行申请贷款，但由于初创企业的信用评级较低，申请过程并不顺利。随后，他转向了线上借贷平台和数字化借贷解决方案，如PVE智能风控系统。通过这一系统，陈老板能够迅速了解企业的现金流状况和未来可贷额度，从而匹配到合适的贷款产品，也确保了贷款金额与企业还款能力相匹配。

借助PVE系统，陈老板成功申请到了100万元贷款，有效解决了企业的资金难题。他利用这笔资金进一步拓展业务，包括继续开设新分店、升级店内设施、加强市场营销等，并引入了线上业务，增加了收入来源。

在借贷过程中，陈老板注重风险管理，制订了详细的还款计划，确保按时还本付息，维护了良好的信用记录。

陈老板的案例体现了资本结构优化和杠杆原理的应用。通过借贷增加了企业的债务资本比例，利用财务杠杆放大了投资收益，实现了资本成本的最小化和企业价值的最大化。

在商业世界中，资金是企业发展的血液，而借贷变现则是企业灵活运用资金的重要手段之一。

借贷变现，企业或个人通过向银行或其他金融机构借款获得现金收入，并将其用于投资、运营或其他能产生收益的领域，最终实现资金的增值和变现。借款所得的现金是一种短期资金流入的方式。在这一过程中，企业或个人需要具备良好的信用基础、风险评估能力和资金管理能力。

通过上述两个案例我们可以看到，借贷变现是企业实现快速发展的重要手段之一，但成功的关键在于科学的规划、精准的执行和严格的风险管理。

在决定借贷前，两位老板要么进行了相关学习，要么进行了充分的市场调研，再配合自身评估，明确了企业的发展目标和资金需求。他们都制订了有利于企业发展的借贷计划和资金运用方案，确保了资金的有效利用。

在借贷过程中，两位老板都没有局限于传统的银行贷款，而是积极探索多元化借贷渠道。他们以线上借贷平台为主，结合企业特点、市场环境和资金需求，精准选择了合适的借贷产品和合作机构。这种精准的选择不仅提高了借贷成功率，还降低了变现成本。

在获得贷款后，他们都迅速将资金投入企业的关键领域和环节，如扩大规模、升级设施、加强市场营销等。并在整个借贷变现过程中，十分注重风险管理，确保债务规模与企业的偿债能力相匹配。

玩转借贷变现并非易事，需要企业经营者具备敏锐的市场洞察力、科学的规划能力、高效的执行力和严格的风险管理能力。只要企业能够明确发展目标、精准选择借贷渠道、高效运用资金和严格管理风险，就能够通过借贷变现实现企业的快速发展和资金增值。在未来的商业实践中，我们应以此为鉴，不断提升自身的专业素养和管理水平，为企业的稳健发展保驾护航。

玩转借贷变现并非易事，要求企业或个人具备敏锐的市场洞察力、精准的风险评估能力、严格的合规意识和专业的金融知识。

17. 融资变现

高级的融资模式不仅一分钱成本不用付出，还不用涉及企业的经营权、所有权和分红权，也就是不花一分钱，通过融资就可以直接获得收益。

——王冲

案例1：将人性和金融模式完美结合

有一家做有机食品的公司，原来也是按照一般产品买卖赚差价的模式运作，经过一年左右的时间，积累了1000多个高端的客户。

根据这家有机食品公司的统计，每个高端用户大概一年消费2000元。但随着时间的推移，这些高端的会员消费越来越少，为什么呢？因为有机食品不是迅速见效的产品，不是吃几次就能变强壮、变漂亮、变健康……也就是说，吃有机食品跟普通产品并没有什么明显看得见的区别，最起码短时间内看不见任何区别。所以，吃有机食品的通常是两种人，一种是已经有这种思想的人，他们知道吃有机食品对健康有益，这种用户会一直吃；另一种是抱着试一试、尝一尝的心态，吃也可以，不吃也无妨，这种用户的消费要么是断断续续的，要么是一次性的，总之是短期性的。既然好不容易获取了这些精准用户，却有一部分吃得"三心二意"，这种情况无论是对于客户还是对于企业，都产生了损失，那么如何让这部分尝试型用户能够长期吃有机食品呢？

要想达到改变消费者消费习惯的目的，就不能沿着旧地图寻找新出路，需要企业彻底改变商业模式，从底层盈利模式上进行全面重建。这家有机食品公司的老板起初也找不到新商业模式的方向，在听了王冲老师的课后，自己也属于勤奋钻研的，逐渐摸索出了一套建立在"送"基础上的新商业模式，还巧妙地和融资结合起来。

送1000名会员每人每年免费领取2000元的有机食品，一个会员2000元，1000名就是200万元。送容易，怎么赚钱呢？该公司找银行合作，约定每个用户只需存10万元到指定的银行，就可以每年免费领取2000元的有机食品。一个人存10万元，1000个人就是1亿元，相当于公司为银行拉到了一宗大生意。银行自然是非常愿意的，为了将这笔钱稳定在银行，愿意给该公司存款利率的5%作为回报，仅此一项就能给企业带来300万元收益，这就是典型的融资变现。客户方因为是要求存一笔钱到银行，因此不用担心被骗的问题，换一家银行利息也不受影响，还能多得一年的有机食品，自然也是愿意的。

通过融资变现模式，该公司的客户群体非常稳固，有机产品也更容易被用户接受。在这个模式中，各方都获得了想要的结果。因此，产品免费送不仅能赚到钱，还能得到类似融资的效果，为企业带来可观的经济效益。由此可见，真正赚大钱的高手都是将人性和金融模式两者完美结合，轻松赚大钱。

案例2：将融资福利发挥到极致

某公司在贵州拥有一片50万亩的艾草园，老板希望围绕"艾条"做文章，将这些资产更大规模变现，可惜的是，他始终未能做到。因为卖产品是盈利模式金字塔的底层，作为企业领路人，必须进行思维升级，脱离卖产品属性。

后来，这位老板将王冲老师请到了艾草园，希望王老师能在实地考察后，给出点主意。王冲老师看到这片艾草园属于绿色生态，是非常有价值的自然条件，当即指出，公司要将宣传的重点放在"绿色"上，而不是放在艾草上。"艾草有什么吸引力呢，绿色才是更值得开发的。"老师一席话，点醒梦中人。该公司随后将产品（艾草）与资本融合成为一种盈利模式，用户不再需要购买艾条和艾灸，而是变消费行为为投资行为，从而成为公司的会员；公司则在用户的投资行为中获得大量融资，并从融资中直接变现。

具体做法是：用户交纳5万元会员费，成为一亩艾草园的园主，等于在不知不觉中成了发展绿色生态与建设绿色产业链的一员。这5万元会员费可以保证每名用户享有5项基本权益：一是使用权益。即一亩艾草园的6年使用权。二是收益权益。每年每亩艾草园产生的总收益的20%用于营销费用，另外80%公司与用户均分，即40%的收益归用户所有（保证每年不低于1万元的收益）。三是退本权益。6年后由当地银行将用户交纳的5万元本金全额退还。四是生态收益。每年赠送用户2人次贵州省内4天3夜"绿色生态"观光旅游的机会。五是扩展收益。用户可凭借在银行的存款证明和与公司签订的一亩艾草园的使用权合同，购买的这一亩艾草园，可以在公司指定的银行做抵押、担保、质押、贷款。

有了上述5项收益，对用户的吸引力是否足够大！如果让用户投资100万元获得20亩艾草园，享有如此多的收益，还能参与到绿色生态经营这个非常广阔的经济赛道中，用户是否会同意！

看到这里，一些人可能要蒙了，这种盈利模式，都是用户在获得收益，公司又能赚什么钱呢？这就是思维升级的必要性，别说让大家自己设计出新颖的盈利模式，就是将盈利模式和盘托出，也有很多人想不明白其中的奥妙。其实，在这种盈利模式中，公司能获得的利益恰恰来自融资变现。

首先，赚到土地差价。公司从当地购买大批量土地（50万亩艾草园）

的 70 年使用权，价格一定会非常便宜，通常平均一亩地一年只需花费几百元，有的甚至更低。但改头换面成为艾草园后，一亩便能卖出 5 万元，均摊到 6 年的使用权，平均一亩地一年的费用是 8000 多元，对比售买价翻了至少十倍。

其次，赚到产品收益。一亩艾草园的收益，除去 20% 的收益做营销费用外，剩余 80% 的收益是公司与用户均分，这就是产品收益。这部分收益的价值无法确定，要根据实际情况而定，但必定是收益不菲的。

再次，赚到股权增值。公司有 50 万亩艾草园，一亩卖 5 万元，且 6 年到期后能循环继续卖钱。那么，该公司就将这块地增值至 250 亿元了，比以往未开发时翻了数倍，公司价值也跟着翻了数倍。当然，这 50 万亩艾草园不可能只种植艾草，一定还有其他经济作物，丰富经济作物种类，并且做到纯天然、无公害，才更能体现绿色生态的概念。

最后，赚到融资金额的增值钱。公司一次性收入了 250 亿元，除去购买土地、用于建设、宣传等费用外，还将剩余一大笔融资，可以用于其他增值领域的投资，实现融资金额的直接变现。

以上用户的各种权益加上用户的各类收益，就形成了完整的绿色产业链。从底层的产品盈利模式升级为最高级的融资变现模式，避免公司走进模式死胡同。现在你是老板，是不是也在思考，将自己的项目也融进更先进的盈利模式中，以此吸引更多的人参与进来！

融资变现是企业通过各种方式筹集资金，并将其转化为企业的资本或资产，以支持企业的运营和发展。企业在选择融资策略时，应综合考虑自身的实际情况和市场需求。

沃伦·巴菲特曾说："投资企业而不是股票。"这句话对融资变现之路有着深刻的启示。投资者关注的是企业的整体价值和未来的发展潜力，而不仅仅是股价的短期波动。因此，在融资过程中，老板必须始终注重展示公司的核心竞争力和市场前景，以吸引长期投资者的关注和支持。

我经常告诫学员："资金是企业的血液。"深刻揭示了资金在企业运营中的重要性。融资变现不仅是解决资金短缺的手段，更是推动企业发展的关键驱动力。

通过以上两个案例的详细呈现，我们可以看到，老板们在玩转融资变现时，需要根据企业的实际情况和市场环境，选择合法、合规和合适的融资方式，制订符合企业的发展计划，确保融资与经营活动顺利进行。

18. 融券变现

虽然市场并不总是完全理性，但大多数情况下，市场的走势反映了大多数投资者的预期和判断。因此，融券变现的成功，在很大程度上取决于投资者对市场趋势的准确判断。

——王冲

案例1：通过融券，企业获得10亿元资金

药明康德作为全球领先的医药研发服务企业，在快速发展过程中不断需要资金做有力支撑。为了支持公司的持续扩张和创新研发，公司大股东决定采取更为积极的融资策略，包括融券变现在内的多种融资方式。

药明康德的大股东首先对市场进行了深入的分析，发现公司股价处于相对高位且市场流动性较好。基于这一判断，他们决定利用融券变现的方式进行融资。

2024年1月29日，药明康德大股东通过某证券公司进行了大规模的融券操作，转融券融出近63万股，比25日不到2万股的融出规模暴量飙涨30倍，在26日至30日的五天时间，药明康德转融券融出数量累

计已超 110 万股。药明康德将其持有的部分股票出借给证券公司，并由证券公司在市场上卖出。当天，融券成交金额高达 10 亿元，为公司筹集到了大量资金。

融资资金到位后，药明康德迅速将其用于新项目的研发和市场拓展。同时，公司还加强了风险控制措施，确保资金使用的高效性和安全性。

此次融券变现的融资金额为 10 亿元，其中 6 亿元用于新药物研发，4 亿元用于市场扩张和并购项目。融资成本考虑到市场利率和融券费用，年化综合成本约为 6%。新药物研发项目预计在未来三年内带来超过 20% 的年化收益率。融券操作后，虽然短期内股价产生了剧烈波动，但从长期来看，市场对药明康德的信心并未受到影响。

案例2：融券交易，筹集至少5亿元资金

一位老板于 2015 年创立了一家专注于人工智能技术研发与应用的虚拟企业，凭借创新的技术和卓越的产品，迅速在行业内崭露头角。随着业务的快速扩张，企业的资金需求急剧增加。如果仅凭公司经营自主造血，显然无力支撑未来发展，常规的融资手段也不太适合企业当下的经营模式。

作为老板，他必须带领企业走出困境，找到既能获得融资，又能快速获得收益的模式。我与这位老板进行了一次彻夜长谈，才得以打开思路。

因为人工智能行业正处于快速发展期，市场前景广阔，但竞争也日益激烈。为了抓住市场机遇，他设定了明确的融券变现目标：通过融券交易，筹集至少 5 亿元资金，用于技术研发、市场拓展和人才引进。

在融券标的的选择上，他综合考虑了公司的业务特点、市场走势以及投资者的偏好。最终，决定以公司持有的部分优质股票作为融券标的。这些股票不仅具有良好的基本面，而且市场流动性强，便于融券交易。

为了确保融券变现的顺利进行，他制订了详细的融券计划，包括融券

额度、融券期限、还款方式以及风险控制措施等。并与多家证券公司进行了深入沟通，选择了信誉良好、服务优质的合作伙伴。

在一切准备就绪后，该公司正式启动了融券交易。通过向证券公司借入资金并卖出持有的股票，成功筹集到了5亿元资金。这笔资金被迅速投入公司的技术研发、市场拓展和人才引进中，为公司的快速发展提供了强有力的支持。

融券变现后，该公司的财务状况得到了显著改善。以下是部分关键财务数据的对比。

资金规模：融券前，公司资金总额为3亿元；融券后，资金总额增加至8亿元，增幅达167%。

研发投入：融券前，公司年度研发投入为1亿元；融券后，公司年度研发投入增加至2亿元，增幅达100%。

市场份额：融券后，公司市场份额从10%提升至15%，增长了5%。

在资金的支持下，公司相继推出了多款创新产品，成功打入多个新市场。同时，加大了人才引进力度，组建了一支高素质的研发团队，为公司的长期发展奠定了坚实基础。

在融券变现的过程中，企业的信用背书是这一操作能够顺利进行的关键。正是基于这种信用，金融机构才愿意借出资金或股票，帮助企业实现资金的快速回笼。

相比直接出售股票，融券变现可以避免因大量抛售导致的股价波动和股权稀释。而且，融券变现能够在短时间内为企业筹集到大量资金，满足企业紧急或长期的资金需求。

融券变现作为资本市场中的一种高级投资策略，具有快速、灵活和高效的特点。通过具体的案例，我们可以看到融券变现在实际操作中的复杂性。这就要求企业老板在实施融券变现时，能够保持理性、加强监管、重视风险管理等工作，以有效发挥融券变现的积极作用。

然而，在实施融券变现策略时，企业也需要充分考虑市场风险、融资成本以及还款压力等因素，制订科学合理的计划并严格执行风险控制措施。作为企业家，需要时刻保持敏锐的市场洞察力和战略眼光，善于运用各种金融工具进行资本运作，以实现企业的持续发展和价值最大化。

19. 并购变现

现金流比利润更重要，手上有大把的现金流可以赚别的钱，还可以进行不用本钱的企业间并购。

——王冲

案例：不花一分钱并购30家托管机构

在双职工家庭，当孩子放学时，家长还没有下班，就出现了幼儿园、小学的小朋友放学后有一段空隙时间没人照顾的情况，应运而生了托管行业。在北方的某座城市，有30多家托管机构，基本都是夫妻店的形式。因为盈利模式非常简单，所以即便有盈利，也赚得不多。在放开三孩后，诞生了更多的托管机构，各家的盈利更是没有明显提升。

某家托管机构老板，在不温不火的行业发展状态中看到了前景。于是，他要打破这种温噞水的经营现状，开连锁店。在经过认真盘算后，他想在所在城市开30家连锁机构，预估每家机构每月盈利1万元，30家店一年的盈利总额将超过300万元。想法很美好，但现实显然并不美好，如何保证30家机构都盈利？在经营过程中必然会出现各种不可控的风险。更重要的是资金问题，每家机构的启动资金为20万～30万元，开30家机构的启动资金需要几百万元。去找天使投资的话，需要有非常好的商业模式，仅仅是小孩托管机构的常规盈利模式是无法吸引天使投资人的。

如果有钱去开连锁机构，谁不会呢！现实的情况是，没有钱，还要开，怎么办？后来，这位老板找到了我，帮他策划了一个方案，用开一家机构的钱就能实现开30家连锁机构的梦想。

我指导这位老板，拟定一份并购合同，模式核心是：预付1万元定金，约定以收购51%股份的模式，在一年之内并购某家小孩托管机构。然后去找当下只能勉强盈利的30家托管机构，跟他们谈并购的事情。因为经营得很辛苦，盈利也并不可观，这一次有了获得更多盈利的机会，通常都愿意进行谈判。约定以分期付款的方式并购对方51%的股份，但在这一年内，该托管机构就不能再卖给别人，等于将这30家托管机构初步锁定了。

并购合同签订后，收购股份的资金从哪里来呢？我继续指导，让这位老板进行众筹，对象是托管机构的孩子的家长。众筹的理由一定要站在家长的角度，孩子托管几年的总费用需要几万元，现在只需要投资5万元，孩子就能在自己投资的机构里免费托管，而投资会被算作托管机构的股份，即获得托管机构的股份分红。因为只收购每家机构51%的股份，且是分阶段付款，因此只需要15万元资金，也就是只需要三位家长进行投资即可。每家机构托管的孩子数量各不相同，但从中找到三名既有能力也有想法的家长并不算困难。反正孩子也要托管，托管就要花钱，先将托管费一次性支付了，还可获得分红，相当于孩子免费托管还能获得收益，所以每家机构很快就找到了愿意投资的三名家长，30家托管机构很快就收购完成了。

收购完成以后，如果仅是依赖收取托管费的盈利模式，依然很难获得大收益，毕竟还要拿出一部分收益给投资的家长分红。我的办法是，整合其他产品赚钱——整合培训机构。具体做法是，在托管机构旁边开设培训工作室，培训舞蹈、写字、朗诵、唱歌……现在很多家长愿意让孩子多学东西，在托管机构的这段空闲时间就可以学点东西，就会交钱让孩子培训。没有交钱的家长，时间长了心里就不得劲，谁会愿意让自己的孩子落后于别人家的孩子呢，也会主动参与培训。接下来就是收购托管机构的老板和培训机构谈分成了。

其实，培训机构赚的钱远比托管机构赚的钱多，非高手只知道闷在自己的行业领域内赚辛苦钱，而高手都善于利用社会上的存在资源为我所用，懂得借杠杆之力实现自己的财富梦想。一个产品不赚钱，通过多个产品组合就能赚钱，进而通过整合不同行业内的多品类产品就能赚到更多的钱。这样做的最大好处不仅是赚钱，而且减少了竞争对手，自己开一家连锁机构就等于为自己在同行业内增加了 30 多个竞争对手，而且开办连锁托管机构还要自己投资、请员工、搞装修、进行管理等一系列烦琐事情。但是，通过并购，所有的事情都省了，还有人管理，关键是这个人就是原本的店铺老板，一定会努力去干。这些店铺老板不再是你的对手，而是你的下属，你的伙伴。再通过整合培训机构，这个行业也成了你的合作伙伴，多个朋友多条路，多了一堆伙伴，路自然就走通了。

并购变现就是企业通过并购行为获取目标企业的控制权或部分股权，并通过整合后的经营、管理或资产处置等手段，实现资本增值并最终变现的过程。这一过程涉及企业战略规划、资本运作、财务管理等多个方面，要求企业家具备高度的市场洞察力、风险控制能力和资源整合能力。

市场没有真相，也没有真理，一切都是由强弱关系决定的。我经常告诫老板们：现金流大于利润。现金流比利润重要，手上有大把的现金流可以赚别人的钱，还可以进行不用本钱的企业间并购，是不是很神奇！

其实，细究起来并不神奇，因为道理都是相通的，只要你掌握了里面的核心机密，你就取得了开启财富的金钥匙。并购的目的是使自己更好地发展，把竞争对手变成合作伙伴，实现快速发展，使用杠杆借力实现扩张。而今天的很多老板，还只在中游赚价差。

20. 上市变现

公司可以通过上市获得资金，上市之后通过退出变现。可见，公司上市不仅是发展的重要里程碑，更是公司实现财富增值和资本变现的重要途径。

——王冲

案例1：估值增高，收益最大

现在，你有一个项目，天使投资人投入500万元，占10%的股权，公司估值达到5000万元，但尚未盈利。

A轮融资有其他投资人投入5000万元，公司出让20%的股权，公司估值达到2.5亿元。如果天使投资人的股权仍是10%，其价值已达2500万元，翻了5倍。但公司仍未实现自主盈利。

连续获得两三轮融资后，公司经营顺利，在北交所上市成功。上市后，公司估值达到了25亿元。如果天使投资人的股权仍是10%，其价值已达2.5亿元，翻了50倍。天使投资人选择此时将自己的股权全部卖掉，理论上其最开始投入的500万元将升值至2.5亿元，可以获得50倍的收益。想一想，如果公司创始人也选择将所持有的股票出售——将公司出售，会赚到多少呢？

通过不断融资将企业做大，再通过上市进一步拉升企业价值，远比通过经营收益将企业做大容易很多，现实中那些成立没几年便能做大的企业，无不是有多轮强力融资的推动。公司从最初的百万级做到估值几十亿元，短的几年就能达成。将企业做大后，再全盘出售，这种获利价值的增值是指数级的。

试想，如果只进行一轮便不再融资了，也不考虑上市，接下来天使投资人仅靠每年的分红赚钱，即使公司经营得很好，每年可达净利润1000万元，投资人占10%股权——每年分到100万元分红，也要250年才能赚到2.5亿元。即便公司扩大了，每年净利润1亿元，投资人每年分得1000万元，也要25年才能赚到2.5亿元。这就是上市变现的魅力，王冲老师说："投资人赚的是股权的价值，而非公司的分红。"因此，公司一定不要拿产品和利润吸引投资人，投资人需要的是既值钱又赚钱的项目。

案例2：股价走高，财富增加

美团于2018年9月在香港交易所正式上市，IPO发行价为每股69港元。上市首日，美团股价便大幅高开，显示出市场对其未来发展前景的高度认可。美团上市后的变现策略如下。

（1）股票市场交易。美团上市后，其股价一直保持在较高水平。创始人及早期投资者通过适时减持部分股票，实现了可观的财富增值。据公开报道，美团的几位主要股东通过股票市场进行了部分股票的套现操作。

（2）业务增长驱动股价上涨。美团的上市变现不仅依赖于股票市场的直接交易，更离不开其业务的持续增长和盈利能力的提升。上市后，美团继续加大在技术研发、市场拓展等方面的投入。随着业务规模的扩大和盈利能力的提升，美团的股价也持续走高，为股东们创造了更多的财富增值机会。

以美团2022年的财报为例，公司全年实现营业收入约2158亿元，同比增长32.5%。优异的财务数据增强了市场对美团的信心，为其股价的上涨提供了坚实的基础。据统计，自上市以来，美团的股价累计涨幅超过200%，为股东们带来了丰厚的回报。

通过对以上上市变现的解读，可以展示出企业在资本市场中的成长潜力和价值创造能力。上市不仅为企业提供了更多的融资渠道和资金支持，还通过股票市场的价格发现机制，使企业的真实价值得到市场的广泛认可。在此基础上，企业可以通过股票市场的交易和分红政策，实现股东财富的增值和变现。

股市是经济的晴雨表。企业的上市变现之路，正是其业务发展和经济增长的直接体现。因此，成功的企业家不仅要有创新的思维，更要有敏锐的市场洞察力。老板在企业上市前需要明确战略定位和发展方向，确保上市后的资金能够用于支持企业的核心业务和未来发展。老板需要精准把握上市的时机和节奏，选择在市场环境和企业业绩最佳的时候上市，以实现最佳的变现效果。

21. 理财变现

只有放下低维度的纯商品经营思维，才有机会拾起更高维的多元化经营思维。老板作为企业的掌舵人，必须学会运用金融思维来指导企业的日常运营与长远发展。

——王冲

案例：用高档红木家具"理财"

有一位在合肥做家具生意的老板，资产规模5亿多元，最近几年一直在寻找更新的盈利模式而不得。我建议他从红木家具开始创新经营，也就是用金融模式将红木家具卖出去50万元、100万元！要实现这个目标，就不能把红木家具当作正常的家居商品来销售，而要当作理财产品来销售。

下面是我提出的具体方法。

一套红木家具售价 100 万元，客户拥有退货权，但不是短期的无条件退货（类似七天无理由），而是长期的有条件退货。想要使用一年就退货，没问题，但要收取家具销售额 5% 的使用费。想要在使用多年后再退货，同样允许，只需每年缴纳使用费，然后到规定年限将家具退回后，本金全额退还。具体为：使用第一年，交销售额 5% 的使用费；使用第二年，交销售额 7% 的使用费；使用第三年，交销售额 9% 的使用费；使用第四年，交销售额 11% 的使用费；使用第五年，交销售额 13% 的使用费……客户把家具退回来，企业将家具销售额 100 万元全部退还给客户。因此，客户购买一套红木家具，相当于花钱租赁了若干年，对用户而言节约了不少的成本。对该家具企业而言，既得到了家具"租赁"的费用，又得到了家具销售款项的增值。

所以，为什么那么多的项目需要融资，因为有了钱就可以马上去把市场占领。市场不是一块无限大的蛋糕，这个时候谁占领的份额多，谁就是高手。真正的高手是站在未来的角度去看今天的事情，不会给同行抄袭的机会。比如，未来要启动 1 万个终端，就不会一个一个慢慢去做，而是一下子将 1 万个终端同时启动。今天就要把明天的钱赚了。

这种既利他又利己的理财变现是最好的商业模式之一。企业将产品放给客户，然后用客户的销售款做若干年增值。赚钱的底层逻辑就是博弈的双方谁占了谁的便宜，占便宜多的一方就是盈利者。但"便宜"有时是明摆着的，都去争，反而争不到，不如化表象竞争为隐性竞争，即"我知道你想占便宜，所以我故意让你占到便宜，然后我占你更大的便宜"。

22. 资金池变现

京东、阿里巴巴表面上是销售产品，其实是建立超大的资金池，通过超巨量资金进行再投资获利。

——王冲

案例：集中力量建10亿欧元资金池

欧洲一家全球领先的机械设备制造企业，员工超过1万人，年销售额超过10亿欧元。公司在全球范围内拥有广泛的客户群体，与多家大型企业建立了长期稳定的合作关系。企业财务状况稳定，拥有健康的现金流和良好的信用评级。

该企业在银行开立了一个总账户作为资金池账户，用于集中管理各分支机构的资金。各分支机构在资金池账户下设立自己的子账户，用于记录日常交易和余额情况。再通过银行系统自动将各分支机构的资金归集到资金池账户，并根据需求将资金下拨到各分支机构。其具体的资金池变现策略如下。

（1）优化资金配置。该企业根据各分支机构的资金需求和市场情况，灵活调配资金池中的资金。对于资金充裕的分支机构，将其多余资金归集到资金池，用于支持资金短缺的分支机构或进行投资活动。

（2）统一融资谈判。该企业利用资金池的规模优势，统一与银行或其他金融机构谈判融资条件，降低融资成本。通过集中融资，该企业获得了更优惠的利率和更长的还款期限。

（3）投资与理财。对于资金池中的闲置资金，该企业进行了稳健的投资和理财活动。通过购买短期国债、货币市场基金等低风险产品，实现了资金的保值增值。

资金池变现模式的实施，显著提高了该企业的资金使用效率，减少了闲置资金的数量，降低了财务费用。也有助于该企业更好地掌握资金状况，及时发现和应对潜在风险，提高了企业的风险防控能力。

23. 票据变现

票据变现将呈现出数字化转型、产品多样化、市场规范化、国际化发展，以及技术创新等新的发展趋势，这将推动票据变现市场不断向前发展，为企业和投资者提供更多便捷、高效、安全的变现渠道和方式。

——王冲

案例：贴票宝应用于汽车产业链场景

汽车零部件供应商A的主要业务是为汽车制造商B提供关键零部件。汽车制造商B在行业内地位较高，通常采用商业汇票的方式支付货款，以此延长付款周期，优化资金流。

商业汇票的变现过程如下所示。

第一步：供应商A收到汇票。汽车制造商B向供应商A交付一张3个月后到期、金额为1000万元的商业汇票，用于支付一批零部件的货款。然而，供应商A在生产过程中需要资金用于购买原材料、支付工人工资等。

第二步：选择贴现银行。供应商A持汇票前往银行C咨询贴现业务。银行C对汇票进行审核，核实汇票的真实性、出票人（汽车制造商B）的信用状况、票据的合规性等内容。

第三步：确定贴现利率和金额。经过评估，银行 C 鉴于汽车制造商 B 信誉良好，同意以 4% 的年利率为供应商 A 办理贴现业务。按照贴现计算公式，贴现利息 = 票据金额 × 贴现利率 × 贴现期限（贴现期限是 3 个月，换算成年是 3/12 年），所以贴现利息 =1000 万 ×4%×（3/12）= 10 万元。经过计算，供应商 A 实际获得的贴现金额 = 票据金额 − 贴现利息，即 1000 万 −10 万 = 990 万元。

第四步：资金到账及使用。银行 C 在扣除贴现利息后，将 990 万元资金发放到供应商 A 的账户。供应商 A 利用这笔资金购买原材料，维持正常的生产运营，并且进行扩大生产。

3 个月后，商业汇票到期，汽车制造商 B 按照票据金额向银行 C 支付 1000 万元。通过这种商业汇票贴现的方式，供应商 A 提前获取了资金，解决了资金周转的难题，银行 C 通过贴现利息获得了收益。

通过这个案例可以看出，在汽车供应链场景中，商业汇票作为票据变现的手段，常被用作支付手段。整车厂或汽车集团公司先向商业银行申请承兑，然后签发商业汇票给上游供应商或下游经销商，以此作为货款的支付方式。在收到商业汇票后，供应商或经销商可以选择向商业银行贴现，以提前获取资金。这种贴现行为实际上是一种融资行为，能够帮助企业缓解资金压力。

在汽车产业链中，以下场景可以应用商业汇票进行融资变现。

（1）零部件采购环节

商业承兑汇票支付与贴现。整车制造商向零部件供应商采购时，可签发商业承兑汇票支付货款。供应商拿到汇票后，若急需资金，可向银行申请贴现，提前获得资金用于生产经营。

银行承兑汇票保兑仓模式。经销商向银行缴纳一定比例的保证金，银行向整车厂开具承兑汇票，整车厂收到汇票后向经销商发货。经销商销售汽车后，将货款存入保证金账户，银行根据保证金账户的余额向整车厂开具新的汇票，如此循环操作。

（2）生产环节

订单融资。汽车零部件供应商获得整车厂的零部件订单后，可凭借订单向金融机构申请融资。金融机构根据订单金额、采购方信用状况等因素进行评估后，给予供应商一定比例的融资款，供应商可以将商业汇票用作支付手段。

存货融资。汽车零部件供应商或经销商因存货积压占用资金时，可将库存汽车或零部件作为质押物，向金融机构申请融资，并以商业汇票作为还款承诺。

（3）销售环节

应收账款融资。汽车经销商将销售汽车形成的应收账款转让给金融机构，金融机构以应收账款为基础，向经销商提供一定比例的融资款。在此过程中，商业汇票可作为应收账款的一种表现形式或结算工具。

汽车合格证质押融资。汽车经销商可以将汽车合格证质押给金融机构以获取融资，金融机构可要求经销商提供商业汇票作为还款保证。

24. 不动产变现

资产流动起来才有意义，不动产作为重要的资产类别，其变现能力直接关系到企业的资金流动性与战略灵活性。

——王冲

案例1：3000多平方米写字楼如何快速变现

某地一房产老板因楼市低迷，其已建的3000多平方米写字楼滞销，而建楼资金主要来自银行贷款，即将面临贷款逾期的困境。在传统销售手段难以奏效的情况下，该老板在我的指点下，采取了一种看似亏本实则高明的策略——免费出租写字楼，最终成功化解了危机，并实现了资产增值。

第一招：免费招租。

老板通过请有潜在租用意向的单位领导及当地房产大佬同桌吃饭，宣称写字楼滞销，浪费可惜，现愿意免费租给大家使用，不收任何租金。此举迅速吸引了大量关注，有的单位当场表示愿意租用，生怕错失良机。

第二招：签合同交保证金。

免费租用的条件是签订租赁合同并缴纳一定金额的保证金，不等同于租金，保证金在合同到期后将全额返还。合同分为两年期和三年期两种，分别需缴纳六个月和四个月的保证金，保证金数额按当地写字楼租金、电费、物业费等累加计算。例如，一栋400平方米的写字楼，按常规月租金、物业费和水电费等累计约5万元，则两年期合同需缴纳约30万元保证金，三年期合同则需缴纳约20万元保证金。

第三招：设定入驻条件。

为了确保写字楼的有效利用和长期收益，该老板还设定了入驻条件：每100平方米入驻人员不少于40人，所有租用者需在指定银行开设对公账户，办公耗材、饮用水等由房东提供，价格与市场一致。这些条件既满足了租户的实际需求，又确保了房东的额外收入来源。

那么，具体的收益有哪些呢？

第一项收入是办公耗材及饮用水销售利润。通过为租户提供办公耗材和饮用水等商品，房东获得了每月稳定的销售收入。这些利润每笔都不大，但积少成多，就是一项可观的收入来源。

第二项收入是保证金利息。收取的保证金并非闲置，而是存入银行进行大额定期存款。以年利率3.0%计算，30万元两年大额定期存单可得利息 18000 元；以年利率 2.15% 计算，20 万元三年大额定期存单可得利息 12900 元。而且，保证金还可以用于多元化投资，例如投入收益更大的理财、股票市场。

第三项收入是银行揽存款奖励。由于要求租用者都到指定银行开设对公账户，会给这家银行带来大量资金，银行会给予额外的揽存款奖励，进一步增加了房东的收入。

将以上三项累加在一起，整体收入几乎等同于甚至超过传统销售写字楼的利润。而且，这样的销售模式没有压力，用户会主动找上门来。

案例2：烂尾楼转型为高端养老地产

马总投资 2 亿元建造了一栋烂尾楼，项目闲置已经两年，面临资金链断裂的危机。在其无计可施之时，他认识了我。我在对该企业的经营状态和盈利模式进行深入调研后，给马总提出了"将烂尾楼转型为高端养老地产"的办法，核心是通过创新商业模式实现资产的变现和增值。

第一步：转型定位。

我指导马总将烂尾楼定位为高端养老地产项目，旨在满足老年人对高品质养老生活的需求。项目总面积 20 万平方米，可拆分出 6000 多个房间，每个房间约 30 平方米。

第二步：政策争取与补贴。

我还告诉马总必须学会利用养老地产的政策优势，去积极争取政府补贴和税收优惠。通过与政府部门的沟通和协商，马总成功获得了床位补贴和使用权延长的政策支持。

第三步：创新销售模式。

原本价值 30 万元且只有 10 年使用权的床位，现在以 10 万元的价格出售，并赠送 20 年使用权。同时，引入第三方付费模型，即由金融机构或其他合作伙伴为购房者提供贷款支持或租金返还等优惠措施。此外，购房者还可以选择不住时返租给开发商,享受租金收益。

第四步:构建完善的服务体系。

为了吸引并留住老年客户,该老板投入资源构建了一整套完善的服务体系:一是引进专业的医疗团队,提供日常健康监测、紧急救援、慢性病管理等全方位健康管理服务。二是设立餐饮中心,提供营养均衡的餐食;配备专业护理人员,负责日常清洁、洗衣、购物等生活照料。三是建设图书室、活动室、健身房等文化娱乐场所,定期举办各类文化娱乐活动和社交聚会,丰富老年人的精神生活。四是利用物联网、大数据等现代科技手段,打造智能化养老社区,实现远程控制、紧急呼叫、健康管理数据实时监测等功能。

通过床位销售,马总迅速回笼了大量资金,有效缓解了资金链断裂的危机。由于采用了创新的销售模式和优惠政策,吸引了大量购房者,进一步加速了资金回笼速度。随着养老地产项目的逐步成熟和运营,马总还将获得持续稳定的租金收入和养老服务收入。同时,通过品牌建设和口碑传播,将吸引更多潜在客户,为项目带来更多的增长机会。

免费模式并非简单的赠送,而是通过后续服务和附加价值实现盈利。在案例1中,免费出租写字楼只是吸引租户的噱头,真正的盈利点在于后续的办公耗材销售、保证金利息和银行揽存款奖励等。这印证了我经常向学员传授的,"卖什么都不如卖未来;卖什么都不如卖预期"的商业智慧。

在面临经营困境时,很多老板总是相信坚持的力量,然后便盲目坚持原有计划。不是说坚持不对,遇到问题是该坚持,但也要加上深入分析市场变化和客户需求,让自己的坚持更有价值。正如彼得·德鲁克所言:"企业的唯一目的就是创造客户。"只有不断满足客户需求,才能在竞争激烈的市场中立于不败之地。

马总在经营危机来临时,主动转型,积极寻求与金融机构、医疗机构、科技公司等合作伙伴的合作,共同打造高品质的养老服务体系。这样的重新定位，降低了项目运营的风险和成本，提高了服务质量和客户满意度，也印证了"独行快，众行远"的商业智慧。

通过上述两个案例的分析，我们可以看到老板们在面对不动产变现的困境时，通过创新的思维和策略成功实现了资产的增值和变现。无论是通过免费模式的创新应用，还是通过转型定位的创新实践，他们都展示了非凡的商业智慧和敏锐的市场洞察力。对于广大企业家而言，这样的经典案例不仅提供了宝贵的经验和启示，更激发了他们不断探索和创新的动力。

25. 债权变现

债权变现已经成为企业优化资金结构、缓解财务压力的重要手段。对于老板而言，掌握债权变现的策略与技巧，不仅能够快速回笼资金，还能在市场中占据主动。

——王冲

案例1：将资金留在企业内部

重庆顺博铝合金股份有限公司（以下简称"顺博合金"）作为国内再生铝行业的标杆企业，面临着下游客户重庆泰利尔压铸有限公司（以下简称"泰利尔"）的债务问题。泰利尔因经营不善，向法院提出破产重组申请，顺博合金作为其主要债权人之一，面临着债权难以回收的困境。

顺博合金在评估泰利尔的重整价值及市场前景后，决定采取债转股的方式实现债权变现。顺博合金与泰利尔及其破产管理人协商制订债转股方案，并获得法院批准。根据方案，每1元债权转增1股权，顺博合金持有的438.89万元债权转化为泰利尔438.89万元股权。2023年8月23

日，泰利尔完成工商变更手续，顺博合金正式成为其第一大股东，持股比例为41.6819%。

泰利尔重整前财务状况：资产949.20万元，负债1018.32万元，所有者权益-69.12万元。通过债转股等措施，泰利尔财务状况得到改善，有望恢复持续经营能力。

顺博合金通过债转股方式，成功实现了债权变现，获得了泰利尔的控制权，为其在再生铝产业链上的布局提供了有力支持。

将债权转化为股权，有助于将资金留在企业内部，促进资源的有效利用。债务人无须立即偿还债务，减轻了短期偿债压力。债权人成为股东后，更关注企业的长期发展，有利于改善企业经营状况。这一案例展示了企业在面临不良债权时，通过积极的债务重组策略，可以实现债权价值最大化，同时促进债务企业的重生。

案例2：3000万元的债权快速变现

某金融机构持有一笔总额为3000万元的债权，该债权已胜诉执行，但受抵押物被占用及案外因素影响，清场难度大，预期仅能回款80%。该金融机构在多次尝试自行处置未果后，决定采取债权打包转让的方式实现变现。

该金融机构首先对债权市场进行调研，了解潜在投资者的需求和意向价格。然后基于市场调研结果，设计了一套包含价格、付款方式、风险转移等内容的债权转让方案。通过专业渠道发布债权转让信息，吸引潜在投资者关注。接下来与有意向的投资者进行多轮谈判，最终确定以2400万元的价格打包转让该笔债权。完成交割手续，将债权正式转让给投资者。

在这个案例中，金融机构通过债权打包转让的方式，成功实现了资金的快速回笼，尽管最终回收金额低于债权本金，但考虑到自行处置也仅能回收80%，且需面临的种种困难和不确定性，这一结果依然令人满意。

金融机构通过债权打包转让，将不良债权转让给专业的资产管理公司或投资者后，可以专注于核心业务，无须为这些难以处置的资产耗费精力和资源，等于有效转移了风险。对于接手债权的投资者而言，他们一定具备更专业的处置能力和更广泛的资源网络，能够更有效地实现债权的价值。

　　因此，相比于自行处置，债权打包转让能够更快地实现资金的回笼，缓解企业的财务压力。通过转让债权，企业可以将不良资产的风险转移给更专业、更有经验的投资者或资产管理公司。相比自行处置可能产生的高昂法律费用、评估费用等，债权打包转让往往能够降低企业的总体成本。

　　通过上述两个案例的详细分析，我们可以看到，债权变现作为企业财务管理的重要手段之一，具有显著的优势和潜力。无论是通过债转股还是债权打包转让等方式，企业都可以根据自身情况和市场需求选择合适的变现策略，实现债权价值的最大化。

　　对于企业而言，时间就是机会，效率就是竞争力。通过高效、专业的债权变现手段，企业可以迅速摆脱不良债权的束缚，为企业的持续发展腾出更多资源和空间。

　　未来，随着金融市场的不断发展和创新，债权变现的手段和方式也将更加丰富多样。企业应当密切关注市场动态，加强与金融机构、资产管理公司等机构的合作与交流，不断提升自身的债权管理能力和风险控制水平。

26. 股权变现

　　股权变现可以迅速为企业提供资金流，帮助企业偿还债务、扩张业务、抓住市场机遇，促进企业引入新的战略伙伴，共谋发展，并为股东带来直接的经济回报。

——王冲

案例1：控制权和表决权灵活运用

温州的肖老板计划投资 2 亿元建设一家高端酒店，其中土地成本为 1.3 亿元，建设费用为 7000 万元。然而，肖老板的公司暂时拿不出 2 亿元资金，传统的融资又因为启动晚而来不及了。在了解了具体情况后，我给出了"通过股权变现实现资金回笼"的创新融资策略。

具体实施过程分为三大环节。

第一个环节是融资方案设计。肖老板找到一位圈内投资大佬，提议双方共同成立一家新公司，并承诺自己不出资但全权负责拿地、建设及经营管理，同时要求占有新公司 51% 的股权。投资人出资 2 亿元，占新公司 49% 的股权。

第二个环节是股权质押承诺。为打消投资人的顾虑，肖老板提出将自己持有的 51% 股权质押给投资人，以确保投资人的收益权和表决权不受影响。同时，承诺如果投资人在三年内收回本金，则双方可按持股比例进行利润分配，并额外支付 10% 的利息。

第三个环节是协议签订与资金到位：经过协商，双方签订了详细的合作协议，投资人按约定支付了 2 亿元资金，项目顺利启动（见表26-1）。

表26-1　项目股权投资数据

项目总投资	2亿元
土地成本	1.3亿元
建设费用	7000万元
投资人出资	2亿元
投资人持股比例	49%
肖老板持股比例	51%（质押给投资人）
额外利息支付	10%（基于投资人本金）

67

股权融资是企业通过出售股份筹集资金的一种方式，而股权质押则是股东将其持有的股份作为担保物向金融机构或第三方融资的行为。在本案中，肖老板虽然只持有 51% 的股权，但通过将股权质押给投资人，他实际上放弃了部分控制权，确保了投资人在公司中的决策地位。

本案例中，肖老板通过巧妙的融资策略和股权质押承诺，成功拿到了投资人的资金，实现了项目的顺利启动。这一过程中，他充分运用了商业预判力和创新思维，将股权作为融资工具，既保证了项目的资金需求，又降低了自身的资金压力。同时，通过股权质押的方式，有效保障了投资人的权益，增强了投资人的信心。

案例2：股权众筹快速筹集到100万元

一位学员在广州经营一家主打小龙虾的饭店，为扩大经营规模，计划开设新店，但面临资金短缺的问题。我提出的解决之道是"采用股权众筹的方式，让消费者成为股东来筹集资金"。

他首先宣布新店启动资金为 100 万元，并向老客户推出"2 万元 1 股"的股权众筹方案。客户购买股份后将成为新店的微股东，享受每季度一次的分红权益，回报率至少为 50%。同时，店主承诺如客户在三年内未能收回本金及预期回报，将按原价回购股份。

接下来店主通过社交媒体、微信群等渠道，广泛宣传股权众筹方案，并邀请老客户参加说明会。他详细解释了众筹方案的优势和保障措施，消除了客户的顾虑。在短短 6 个月内，成功吸引了 50 位老客户成为微股东，筹集到了 100 万元的启动资金，新店顺利开业（见表26-2）。

表26-2 项目股权众筹数据

新店启动资金	100万元
每股价格	2万元
微股东数量	50位

续表

预期回报率	至少50%
新店开业后收入情况 （假设数据）	首月营业额达到80万元，净利润率为25%，即净利润约为20万元

  股权众筹作为一种新型的融资方式，具有门槛低、受众广、传播快等优势。能够帮助初创企业或中小企业快速筹集资金，降低融资成本，同时增强与消费者的互动和黏性。

  在本案例中，店主通过创新的股权众筹方式，不仅解决了资金短缺的问题，还巧妙利用了消费者的资源和力量，实现了双赢的局面。一方面，消费者通过投资成为微股东，在享受到财务回报的同时，也增加了对店铺的归属感和忠诚度；另一方面，店主获得了宝贵的资金支持，成功扩大了经营规模，并借助微股东的力量提升了品牌影响力和市场份额。

  俗话说："独木不成林，单弦难成曲。"没想到这句老祖宗留下的名言能在当代商业经营中得到很好的体现。股权变现就是通过集合众人的力量和资源，帮助企业克服资金短缺、市场拓展等难题，实现更快更好的发展。其实，这句话还有一个隐含的重要提醒，老板们要注重与消费者、投资者等利益相关者的合作与共赢，共同构建良好的商业生态。

  通过以上阐述，我们可以看到股权变现作为一种重要的资本运作手段，在企业发展过程中的重要作用。无论是通过股权质押、融资还是众筹等方式实现股权变现，都需要企业家具备敏锐的市场洞察力、创新的思维方式和扎实的专业素养。

  未来，随着资本市场的不断发展和完善，企业家应该紧跟时代潮流，积极探索适合自身发展的股权变现模式，为企业的持续健康发展提供有力的资金支持和战略保障。

产品篇

27. 产品组合变现

产品组合，是财富的拼图。当不同的产品巧妙组合，便开启了变现的奇妙之旅。每一个产品都是一块独特的拼图碎片，它们共同拼凑出财富的绚丽画卷，让价值得以充分展现，变现之路由此璀璨绽放。

——王冲

案例1：普通方便面组合出新高度

在产品组合变现方面，华龙方便面是一个典型案例。首先是产品线丰富，华龙方便面产品线包括多种系列和口味，如"大众面"系列、"小康家庭"、"大众三代"、"红红红"等，满足了不同消费者的需求。根据企业不同的发展阶段，适时地推出适合市场的产品。其次是阶段性产品组合，在发展初期，华龙推出适合农村市场的"大众面"系列，抢占了大部分低端市场。随着企业的发展，又推出了面向全国其他市场的大众面的中高档系列，打开了北方农村市场。之后，华龙开始走高档面路线，开发出高档面品牌，大力开发城市市场中的中高价位市场。接着是区域产品策略，华龙推行区域品牌战略，针对不同地域的消费者推出不同口味和不同品牌的系列新品。如针对中原河南开发出"六丁目"，针对东三省有"东三福"，针对山东有"金华龙"等。同时在细分市场方面也有了不同的策略，华龙根据地理属性、经济发达程度、年龄因素等推出不同产品，如在城市和农村推出的产品有别，在经济发达的北京推广高档的"今麦郎"桶面、碗面，针对少年儿童推出 a- 干脆面系列，适合中老年人的"煮着吃"系列等。华龙方便面通过合理的产品组合和策略，实现了广泛的市场覆盖和销售额的增长。

产品变现是指通过一定的方式将自身的产品或服务实现收支盈余。企业盈利有两个途径，一是卖服务，二是卖产品。实现产品变现的前提，就需要产品一侧洞察用户需求、满足及保证用户体验，进而提升用户留存与传播。变现也是运营的终极目标，不以变现为目的的产品模式和运营都是耍流氓，毕竟不是所有的企业都是慈善家。

市场上我们能够接触到的品牌，很少是单一款产品，往往都是产品组合。产品的组合变现是从客户视角来看待的商业世界，也是运用外部思维的范例。企业通过合理搭配和推广不同产品，以满足市场需求并实现盈利。

在当今竞争激烈的商业世界中，产品组合变现成为企业实现可持续发展和获取丰厚利润的关键策略。

案例2：大龙焱小龙焱组合创新，火锅爆"火"

我的学员石头哥，年纪轻轻事业有成，虽然早年就积累了财富，但是他一直没有停下创富的脚步。然而，2020年突如其来的新冠疫情打乱了所有人的生活，在前半年，火锅店的生意几乎停摆，石头哥愁容满面。在交流的过程中，我和石头哥夫妻进行了深入的思维碰撞。我说："既然有大龙焱，为什么不能有小龙焱呢？既然有线下为什么不能有线上？既然有传统火锅，为什么不能做一个针对年轻人群体的'小'火锅呢？"石头哥听完以后大受启发，经过4个月的筹备与打磨，把门店模型、场景氛围、目标客群、产品线、价格等都慢慢研究出来，在2020年12月"小龙焱"诞生了。该产品创新的步骤主要包括产品定位调整、产品形式创新和产品利润选择三个方面。

石头哥在此前的调查中发现，随着90后、00后的崛起，他们对消费的需求与传统消费相较已大不一样，比如，以前的消费者对食物更看重口味，而现在的年轻人的消费心理是好看、好玩、好吃，他们对食物的追求更加多元，已经不仅限于味道。于是石头哥将小龙焱整体定位下沉市场，以大学生群体为主。根据这一需求，小龙焱火锅店的装修非常具有"赛博朋克"的风格，人均消费更是不过百，远远低于市场上动辄人均158、188的火锅店，吸引了很多学生群体、网红、博主、时尚潮人打卡消费，迅速在小红书等软件上火爆起来，成为广州市年轻人最喜爱的火锅店之一。而"小龙焱"人均这么低的原因是石头哥针对客群将菜品进行了更新，多数菜品采用小份制，量少份多，价格也低于传统火锅店的菜品定价。可能有人会问，现在原材料价格那么贵，锅底和食材定价这么低还有得赚吗？是不是在食材上动手脚了？实际上，从上面介绍的产品定位调整和产品形式创新两个步骤中就可以知道，石头哥在做大龙焱品牌的时候已经突破了传统的以锅底和菜品赚钱的老思维，之所以能成功推出副牌"小龙焱"，最主要的是石头哥整合了后端供应链，重新选择了产品利润来源，向供应链要效益，降低了前端客户消费成本，自然而然地客似云来、现金滚滚。

当然，除了这些线下的升级改造，石头哥也尝试开发线上市场，比如推出火锅底料、自热火锅、火锅外卖等各种产品，线上线下相结合，让小龙焱迅速成为广州最火爆的火锅品牌。

通过以上案例不难发现，产品组合即企业所提供的一系列不同的产品或服务。通过巧妙地组合这些产品，可以创造出独特的价值，满足不同客户群体的需求，从而实现变现的目标。

要实现产品组合变现，需要遵循以下几点：首先，多样化的产品组合能够扩大市场覆盖面。不同的产品针对不同的客户细分市场，无论是追求高品质的高端消费者，还是注重性价比的普通用户，都能在产品组合中找到适合自己的选择。例如，一家电子产品企业既推出高端旗舰手机，又有中低端的智能手机产品线，同时还提供相关的配件产品，如手机壳、充电器等。这样的产品组合可以满足不同收入水平和需求层次的消费者，从而吸引更广泛的客户群体，增加市场份额。

其次，产品组合变现可以提高客户忠诚度。当客户在一个产品组合中找到了满足其多种需求的解决方案时，他们更有可能对企业产生依赖和信任。例如，一家美容护肤品牌不仅提供各种护肤品，还推出了美容工具和美容课程。客户在使用该品牌的护肤品后，可能会对其美容工具和课程产生兴趣，从而进一步加深与品牌的联系。这种全方位的产品体验可以提高客户的满意度和忠诚度，促使他们长期购买企业的产品和服务。

最后，产品组合还可以实现交叉销售和向上销售的机会。交叉销售是指向现有客户推销与他们已购买产品相关的其他产品或服务。例如，当客户购买一台电脑时，可以向他们推荐电脑配件、软件或延长保修服务。向上销售则是鼓励客户购买更高端、更昂贵的产品。比如，在客户考虑购买一款普通相机时，向他们介绍更高性能的专业相机。通过交叉销售和向上销售，可以提高客户的平均消费金额，增加企业的收入。

为了实现产品组合变现的成功，企业需要进行精心的规划和管理。首先，要深入了解客户需求和市场趋势，不断优化产品组合，确保产品的相关性和吸引力。其次，要建立有效的营销策略，将产品组合推广给目标客户群体。可以通过线上线下渠道、广告宣传、促销活动等方式，提高产品组合的知名度和美誉度。最后，要注重客户服务，及时解决客户在使用产品过程中遇到的问题，提高客户的满意度和口碑。

总之，产品组合变现是一种强大的商业策略，可以帮助企业在激烈的市场竞争中脱颖而出。通过合理规划和管理产品组合，满足客户需求，提高客户忠诚度，实现交叉销售和向上销售，企业可以开启商业成功之门，创造更加辉煌的业绩。

28. 产品增值变现

产品不断提升价值，才会产生新的赛道，以此来解决用户痛点并持续吸引客户。

——王冲

案例1：普通快消品摇身变高端产品

产品中的快消品在大多数人眼里认为无法做到增值，但有一个案例能给人打开思路。例如，有着"快消品中的快消品"之称的休闲食品——槟榔，能不能做到产品增值呢？

市面上的槟榔品牌有很多，但是提到槟榔，恐怕大部分人第一印象就是"口味王"品牌。口味王是如何一步一步走到今天的呢？郭志光，口味王的创始人，一个来自湖南的70后，小时候因为家里条件一般，早早出门打工。在20世纪90年代末，郭总进入了一家槟榔厂工作，开始接触槟榔，从一个打工仔做到了现在行业领导者也只用了不到20年的时间。但这一路走来，郭总并不是一帆风顺的，随着市场的不断发展与经济环境的不断变化，槟榔行业同质化越发严重，产品价格战愈演愈烈，行业成本越来越高，利润越来越低。在2013年整个槟榔行业更是受到了社会对于槟榔是否对身体有害的质疑而遭受重创，虽然在两个月后因央视辟谣而销量回升，但郭总不愿意再"安于现状"，开始思考槟榔行业的出路在哪儿。经过朋友的介绍，郭总在2014年参加我的课程，经过我们的思维碰撞，口味王发生了一系列翻天覆地的变化，而这些变化，也奠定了口味王成为行业领导者的基石。

在课程结束后，郭总和团队进行了三个多月的研究与探讨，决定将口味王打造成为槟榔行业的高端产品，那如何做呢？我曾经说过"产品功能为实，包装为虚"，于是郭总决定先从产品创新中的功能创新和包装创新入手，对产品进行了创新，使其在原本的基础价值上产生新价值。

首先是功能创新。过去传统的槟榔大部分是烟果槟榔，口味较重，口感略带涩味，果汁少，虽然销量很高，但是也一直被大众诟病不够健康，对人体有伤害。郭总发现随着经济的发展，越来越多的人开始追求有品质的生活——健康饮食，那要如何创新才能制作出区别于传统槟榔的口感的"新槟榔"呢？经过团队的不断探讨与持续研发，口味王在槟榔行业里开启了新的变革——首创蒸汽烘干无烟熏技术，依托这一技术制作出行业内第一份青果槟榔，口味柔和，以甜味为主，具有咖啡的味道和略带葡萄的甜酸味，口感清凉，果汁较多，一经推出便广受青睐，得到了消费者的广泛好评，依托这项技术，推动了口味以及制作方式的双重升级，既满足了槟榔爱好者的口味需求，又让消费者吃得健康吃得放心。

其次是包装创新。提到槟榔的包装，大众的第一反应就是散称无包装或超市里常见的塑料包装，这种包装一眼看过去就知道价格不会太高，郭总发现虽然很多老板会吃槟榔，但是在应酬的时候，却很少会看到老板们拿出槟榔吃，这是为什么呢？郭总发现，很多大老板觉得塑料包装袋的槟榔私下吃吃还可以，但是做商务应酬的时候，当然还是要看起来更有档次的东西拿出来才有面子。"看起来更有档次才有面子"，这句话瞬间打通了郭总的"任督二脉"，就像有的人抽中华抽的不是烟，而是身份感，既然要做高端品牌，那首先要让客户第一眼看上去就觉得这个东西值，拿着它能体现我的身份。

2017年，口味王正式推出了行业内第一个铁盒包装槟榔，售价35元6颗装，是当时流通渠道内最高端产品，与主流的袋装产品形成了明显区隔，通过满足更高端的消费者的消费需求，形成消费氛围，引领槟榔行业走向更高端消费层级。

铁盒装槟榔一经推出便受到了高端用户的追捧，并引得行业其他品牌纷纷效仿。然而口味王没有停下创新的脚步，在此后的几年里，推出了各种不同包装的产品，把槟榔像烟草一样包装销售，各种礼盒装层出不穷，更是在市场上得到了"十包高端槟榔，七包和成天下"的高评价，迅速成为行业内的高端产品引导者。

最后是产品定价。随着产品功能颠覆式创新、包装不断升级、产品调性进行调整以后，口味王产品的价格也随之进行了区分，面向高端客户的高端产品、礼盒装价格明显区别于普通产品，一条槟榔6盒装，价格达到了千元级别，既满足了送礼需求，又满足了食用者的身份感。

随着郭总对产品的不断创新，口味王已经成为业内毋庸置疑的行业领导者，而在应对大环境变化的过程中，除了不断提升自身实力，整个口味王还秉持着共赢的思维，发挥行业龙头企业的引导作用，带领整个槟榔行业健康长远地发展，形成了良性循环。

案例2：升级创新1年卖出3亿元

在电影院里，有一种美味始终相伴左右，那就是爆米花。当爆米花品牌"抱抱堂"与电影公司携手合作，一场关于美味与视觉盛宴的传奇就此展开。正是这个看似不起眼的爆米花，借助桶身广告，1年卖出3亿元。

抱抱堂爆米花以其丰富多样的口味和始终如一的高品质，成了电影观众们的心头好。无论是香甜可口的焦糖味，还是浓郁醇厚的奶油味，每一颗爆米花都是对味蕾的极致挑逗。电影公司深知观众在观影过程中的体验至关重要。与抱抱堂的合作，为观众带来了全方位的享受。从观众踏入电影院的那一刻起，那弥漫在空气中的爆米花香气，便如同一个无形的使者，引领着人们走进电影的奇妙世界。

在合作中，抱抱堂为电影公司定制专属的爆米花包装。精美的设计与电影主题相呼应，不仅成了观众手中的美味零食，更是一种独特的纪念品。这些包装上印有电影的精彩画面、经典台词或主角形象，让观众在品尝爆米花的同时，也能沉浸在电影的氛围之中。

同时，抱抱堂与电影公司联合开展各种促销活动。购买电影票即可获得抱抱堂爆米花的优惠券，或者购买特定口味的爆米花可以参与电影周边产品的抽奖。这些活动不仅增加了观众的参与度，也为电影和爆米花带来了更高的关注度。

那么，抱抱堂是如何从一个加工厂摇身一变成为一个年赚几亿元的品牌公司，实现增值变现的呢？

（1）严格把控原材料，优化生产工艺。抱抱堂精选优质玉米，确保每一颗玉米粒都饱满、无杂质，从源头上保证爆米花的口感和品质。不断改进爆米花的制作工艺，精确控制火候和时间，使爆米花的口感更加酥脆，色泽更加诱人。

（2）对产品进行深广度创新。首先丰富产品口味，除了传统的焦糖、奶油口味，还开发更多独特的口味，如巧克力、抹茶、水果味等，满足不同消费者的口味需求。并且推出季节性口味，如在冬季推出热巧克力味爆米花，夏季推出薄荷味爆米花，增加产品的新鲜感和吸引力。其次是创新产品形式。在包装上开发不同规格的包装，包括单人份、家庭装、分享装等，满足不同场景的消费需求。

（3）广告宣传拓宽营销渠道。制作精美的广告宣传片，在电视、网络、电影院等渠道投放，展示抱抱堂爆米花的美味和品质。利用社交媒体平台进行品牌推广，发布有趣的视频、图片和文案，吸引消费者的关注和互动。举办爆米花品鉴活动，邀请消费者品尝抱抱堂爆米花，收集他们的反馈和建议，不断改进产品品质。

与电影公司、游乐场等合作，开展联合促销活动，提高品牌知名度和影响力。

（4）与影视公司合作，打造行走的广告桶。抱抱堂通过和几个电影大IP、院线、影视公司合作，一夕之间爆红，成为广告商酷爱的合作企业，更是1年卖出爆米花高达3亿元。

（5）渠道拓展，抱抱堂不但有电影院渠道，还有零售渠道。在加强与电影院的合作，确保抱抱堂爆米花在各大电影院的销售份额的同时，为电影院提供个性化的服务，如定制爆米花包装、举办主题活动等，增加与电影院的合作黏性。并且拓展超市、便利店、电商平台等零售渠道，让消费者更方便地购买到抱抱堂爆米花。

（6）抱抱堂自主研发了App，并在每个城市都招募了城市合伙人。城市合伙人负责去跑市场、终端、夫妻小店，小老板们必须通过App跟抱抱堂下单，这就取消了所有中间渠道。由于渠道的扁平化，一下订单货物就发到终端，7天发货到城市仓，3天内上街，5天内卖掉，存货周期最多不会超过半个月。解决了终端的库存问题和送货问题，小老板们都很愿意下单，靠着强大的分销系统，抱抱堂流通快、产量大，很快创造了亿元销售额！

（7）为爆米花行业注入互联网基因。林水洋是互联网出身，当他深入爆米花这个传统行业的时候，会忍不住用互联网思维来审视这个行业，发现了一些需要改进的地方。

（8）改进了电影广告的推广方式。传统做法是广告商用U盘拷贝广告给电影院，每个广告都要员工用人力拷到放映设备上。中间很容易出现U盘和人工误差，导致广告不能顺利播放。广告的收费问题也高低不同，这就导致了广告主无法监测广告效果，其价值发挥不出来。抱抱堂购买了TMS技术公司。电影院用这套系统，大大提升了整体的放映质量。抱抱堂也因此成为集影院管理系统、卖品服务、广告传媒三位一体的非票收入运营商！

成立仅3年的抱抱堂就用产品的创新、技术的创新、营销的创新，把一个新品牌从0元卖到了3亿元。世界总在推陈出新中进步，那些墨守成规的老企业，如果再不变革创新，等待你们的就只有被淘汰了！

29. 衍生品变现

基于原有产品进行拓展和延伸，打造具有IP属性的产品力。

——王冲

案例：迪士尼衍生品实现IP价值最大化

迪士尼作为全球知名的娱乐公司，拥有众多经典的动画形象和故事。这些形象和故事成了迪士尼衍生品开发的宝贵资源。迪士尼注重品牌建设和市场营销，通过多样化的衍生品开发策略，实现了IP价值的最大化。迪士尼衍生品变现分成多个渠道，首先是迪士尼乐园是衍生品变现的重要平台之一。在乐园内，游客可以购买到各种迪士尼主题的纪念品，如玩具、服饰、文具等。这些衍生品不仅满足了游客的购物需求，还增加了游客对迪士尼品牌的认同感和忠诚度。其次是线上电商平台合作，开设官方旗舰店，销售迪士尼主题的衍生品。这些平台为迪士尼提供了更广泛的销售渠道，使更多消费者能够接触到迪士尼的衍生品。最后是迪士尼与多个品牌进行跨界合作，推出联名衍生品。例如，迪士尼与时尚品牌合作推出限量版服饰、与家居品牌合作推出迪士尼主题家具等。这些联名衍生品不仅提升了品牌的知名度和影响力，还为消费者提供了更多元化的选择。

迪士尼是产品衍生品变现的佼佼者。从米老鼠、唐老鸭等经典卡通形象出发，迪士尼推出了种类繁多的衍生品。玩具、文具、服装、家居用品等应有尽有。其强大的品牌影响力和可爱的卡通形象吸引着全球消费者。

孩子们为拥有一个迪士尼正版玩偶而兴奋不已，成年人也会被迪士尼的精美周边所吸引。通过与各大厂商合作授权，迪士尼成功地将卡通形象转化为巨额的商业财富。

通过迪士尼的案例，我们发现衍生品变现的成功要素有以下几个方面：一是丰富的 IP 资源。迪士尼拥有众多经典的动画形象和故事，为衍生品开发提供了丰富的素材。二是品牌建设和市场营销。迪士尼注重品牌建设和市场营销，通过多样化的营销策略提升品牌知名度和影响力。三是多样化的销售渠道。迪士尼通过线上电商平台、线下门店和跨界合作等多种方式销售衍生品，实现了广泛的覆盖和高效的变现。

在产品衍生品变现方面，除了迪士尼，漫威系列电影同样也表现出色。超级英雄的手办、T 恤、海报等产品深受粉丝喜爱。尤其是在电影热映期间，相关衍生品的销量更是一路飙升。这些衍生品不仅满足了粉丝对超级英雄的热爱，也为漫威带来了丰厚的利润。粉丝们穿着漫威的 T 恤，摆着超级英雄手办，仿佛自己也成了拯救世界的英雄。《哈利·波特》系列小说和电影也催生了庞大的衍生品市场。魔杖、魔法袍、学院徽章等成为哈迷们争相收藏的宝贝。主题公园更是让游客们身临其境，感受魔法世界的魅力。从书籍到电影，再到各种衍生品和主题公园，《哈利·波特》的商业价值得到了充分的挖掘。

这些成功的案例告诉我们，产品衍生品具有巨大的变现潜力。只要拥有强大的品牌或受欢迎的 IP，通过精心的设计和营销，就能将产品衍生品转化为实实在在的财富。

衍生品变现之前要明确目标受众，了解他们的兴趣、需求和消费习惯，以便针对性地开发和推广衍生品。然后对衍生品进行独特的设计和高品质创新，以便更能打动消费者做到畅销和长销。最后选择合适的销售渠道，线上线下相结合，通过综合考虑合理定价，展开一定的品牌营销活动，对衍生品进行推广和促销活动，以便扩大知名度，吸引更多的潜在消费者。

总之，衍生品变现需要从多个方面进行考虑和规划，不断优化产品设计、销售渠道和营销策略，以提高产品的竞争力和市场占有率，实现变现的目标。

30. 时间差变现

时间和金钱是可以相互转换的资源。穷人对时间的财富价值往往缺乏深刻的认识。他们可能会为了节省一毛钱而斤斤计较，却往往错过了赚一万元的机会。

——王冲

案例：利用时间差低收高卖赚差价

每到换季的时候，商家会在当季末尾以较低价格大量收购过季服装。比如在夏季快要结束时，很多夏装会进行大力度促销。商家把这些夏装囤起来，等到来年夏季来临之前，当市场上新款夏装还未大量上市而人们又有购买夏装需求的时候，把囤的夏装拿出来销售。由于此时市场供应相对较少，而需求已经出现，这些过季但不过时的服装就可以以较高的价格卖出，赚取差价。

在旅游淡季，各大旅行社和旅游平台会推出很多优惠的旅游套餐和机票酒店套餐。有头脑的人会在这个时候预订下下个月或者下季度热门旅游目的地的套餐。等到旅游旺季来临，这些套餐的价格会大幅上涨。比如，在冬季预订春季去赏花胜地的旅游产品，到了春天，当大家都纷纷计划出游时，就可以把预订的套餐转手卖出，或者自己去旅游也节省了一大笔费用。

一些经典书籍或者热门畅销书在刚出版的时候价格可能较高。但随着时间的推移，可能会有促销活动。比如在一些电商平台的特定节日，图书会有很大的折扣。这时可以大量购入一些有收藏价值或者长期有需求的书籍。等过一段时间，市场上折扣减少时，把这些书通过二手书平台或者线下渠道卖出，获得利润。

在一些重要节日前，相关的节日用品价格会上涨。如果在上一个节日结束后，以低价收购未售出的节日装饰品、礼品等，囤起来等到下一年的同一节日前夕再销售，往往能获得不错的收益。

农产品领域，某种当季水果在上个月产量丰富，价格较低。聪明的水果经销商大量收购并妥善储存。他们深知随着季节的变化，这种水果的供应量会逐渐减少。下个月，当市场上该水果变得稀缺时，价格自然水涨船高。这些经销商便可以将上个月囤积的水果推向市场，获得丰厚的回报。

通过上述案例，不难看出，时间差变现是一种利用时间差异和信息不对称来创造经济价值的方式。在实际操作中，需要密切关注市场动态和政策变化，及时捕捉市场机会，并灵活运用各种策略和方法来实现盈利。简单来说，上个月便宜的东西，你囤着，下个月涨价了，你加价卖出去还是比市场价便宜，于是就有了利润。

利用时间差赚钱，不仅需要敏锐的市场洞察力，还需要勇气和耐心。要准确判断产品的价格走势并非易事，需要对市场动态、行业趋势以及消费者心理有深入的了解。一旦成功把握时间差，就能在商业的海洋中乘风破浪，开启财富的大门。无论是电子产品、农产品，还是其他商品，只要善于观察、勇于行动，都有可能利用时间差创造财富奇迹。

利用时间差赚钱可以从以下几个方面入手。

（1）市场调研与趋势分析。关注行业动态。持续了解不同行业的发展趋势、新产品推出情况以及市场供需变化。例如，科技行业的新产品发布往往会引发价格波动，通过研究科技媒体和行业报告，你可以提前预判哪些产品可能在未来有价格上涨的潜力。在市场调研与趋势分析过程中，分析季节性需求是必要的，很多商品具有明显的季节性需求。比如冬季的保暖用品、夏季的清凉产品等，在淡季时以低价购入，旺季时出售。你可以通过历年的销售数据和市场观察，确定哪些商品的季节性需求较为稳定，以便提前布局。除此之外，还需要考虑到特殊事件带来的影响。重大节日、体育赛事、文化活动等特殊事件会对某些商品的价格产生影响。例如，世界杯期间，足球相关的商品价格可能会上涨。提前了解这些事件，并预测其对市场的影响，可以帮助你抓住时间差赚钱的机会。

（2）商品选择与存储。选择合适的商品。并非所有商品都适合利用时间差赚钱。应选择具有以下特点的商品：一是有一定的市场需求，且需求相对稳定或有增长趋势；二是易于存储和运输，不易损坏或过期；三是价格波动较大，有较大的利润空间。例如，一些收藏品、限量版商品或者具有长期价值的商品都是不错的选择。关于商品的存储，如果选择了需要存储的商品，要确保有合适的存储条件。对于易受潮、易变质的商品，要采取防潮、防虫等措施；对于易碎品，要注意包装和搬运。同时，要考虑存储成本，尽量选择成本较低的存储方式。

（3）资金管理与风险控制。合理安排资金。利用时间差赚钱可能需要一定的资金投入。要根据自己的资金实力和风险承受能力，合理安排资金。不要把所有资金都投入一个项目中，以免出现风险时无法承受损失。可以分散投资，选择多个不同的商品或项目进行投资。时间差赚钱存在一定的风险，如市场变化、商品损坏、政策调整等。要提前做好风险评估，并制定相应的风险控制措施。例如，可以购买保险、签订合同、设置止损点等，以降低风险。

（4）销售渠道与营销策略。拓展销售渠道。有了商品后，要选择合适的销售渠道。可以通过线上平台、线下店铺、批发市场等多种渠道进行销售。同时，要根据不同的商品特点和目标客户群体，选择最有效的销售渠道。例如，一些高端商品可以选择在专卖店或高端商场销售，而一些大众化商品则可以选择在电商平台或超市销售。为了提高商品的销售量和价格，可以制定一些营销策略。例如，进行促销活动、提供赠品、打造品牌形象等。同时，要注意市场竞争情况，及时调整营销策略，以保持竞争优势。

31. 空间差变现

空间差本质上就是地域差，在信息流动不畅的时代，空间差是赚钱的利器。

——王冲

案例1：利用空间差卖海鲜抢占内陆市场

在沿海地区，海鲜资源丰富，价格相对较为亲民。刚从海里捕捞上来的鱼虾蟹贝，在当地的鱼市上以较为实惠的价格交易着。然而，当这些海鲜被运往内陆地区时，情况就大不相同了。

一些人看到了其中的商机，他们在沿海地区与渔民建立合作关系，以较低的价格收购新鲜的海鲜。然后，通过快速的冷链运输，将这些海鲜运往内陆城市。在运输过程中，他们严格控制温度和湿度，确保海鲜的品质不受影响。

当这些海鲜抵达内陆城市时，由于空间的差异，它们的稀缺性凸显出来。内陆地区的消费者对新鲜海鲜有着强烈的需求，但由于远离海洋，供应相对较少。商人们便可以以较高的价格出售这些海鲜，赚取可观的利润。

为了进一步提高利润空间，这些商人还采取了一些营销策略。他们在销售海鲜的同时，提供烹饪建议和服务，让消费者更好地享受海鲜的美味。他们还与当地的餐厅、酒店合作，为其供应海鲜，扩大销售渠道。

此外，这些商人也开始利用网络平台销售海鲜。他们通过精美的图片和详细的介绍，吸引全国各地的消费者购买。通过快递配送，将海鲜直接送到消费者手中，打破了空间的限制。

案例2：1盒蚊香撬动销售额

沙漠中的1瓶水的价格与城市超市1瓶水价格肯定不同。爬山，山上水的价格与山脚下水的价格也不同，要学会用空间差赚钱。

金总，1986年生人，年纪轻轻就自己创业，并且取得了不小的成绩，但是金总经营的是快要被时代淘汰的产品——蚊香，这些针对性产品都是有周期和实效性的，虽然创业之初工厂发展不错，为金总带来了不小的收益，但是随着时代的发展，城市化进程越来越快，传统蚊香的市场需求已经慢慢减少，市场份额越来越小，金总每天愁眉苦脸，是要选择一个行业重新开始，还是转型升级？可是转型升级，蚊香产业还能怎么转型呢？偶然的机会，金总走进了我的课堂，在系统学习一段时间后，金总运用了以下几招让企业焕发生机。

招数一：区域切割。

步骤1.将市场进行区域分割，筛选自己的产品更适合哪块市场；

步骤2.非洲高湿高热的环境适合蚊虫的生长和繁殖，蚊香是刚需；

步骤3.将产品销往非洲，物美价廉的蚊香受到追捧。

招数二：产品包装。

步骤1.外国人对中国认知度最高的是中药和功夫；

步骤2.将蚊香包装设计成含有功夫元素；

步骤3.将清凉油的名字直接改成与功夫发音相近。

招数三：多方合作。

步骤1.与非洲五星级酒店合作；

步骤2.为酒店提供蚊香和清凉油；

步骤3.与当地企业合作，交叉持股。

招数四：收入链延伸。

步骤1.在非洲购买土地，在当地建厂；

步骤2.为当地人提供就业机会，争取政府补贴；

步骤3.赚土地增值的钱。

通过学习，金总明白了空间的重要性，这个地方的生意不好，不代表另外的地方生意不好，将市场进行切割后，金总的产品在非洲大受欢迎，焕发了第二春。

空间差变现并不是一种简单的操作过程，而是需要企业或个人具备敏锐的市场洞察力、灵活的资源配置能力和高效的运营管理能力。同时，还需要遵守相关法律法规和道德规范，确保商业活动的合法性和可持续性。

此外，"空间差变现"与"时空差商业模式"有一定的联系。时空差商业模式强调在不同时间点和空间位置上寻找商业机会，利用时间和空间的差异来实现盈利。虽然"空间差变现"更多地聚焦于空间差异，但两者都体现了对市场变化和消费者需求的敏锐洞察和灵活应对。

32. 稀缺变现

越是稀缺价值，越能赚钱，想要提高收入就要让自己/产品更加稀缺，然后满足用户的稀缺性。

——王冲

案例1：茅台酒"贵"在稀缺

在酒的世界里，茅台酒无疑是一颗璀璨的明星，其凭借独特的产品稀缺性，走出了一条令人瞩目的盈利之路。

茅台酒的稀缺性首先源于其特殊的产地。它产于中国贵州省仁怀市茅台镇，这里独特的地理环境、气候条件和微生物群落，为茅台酒的酿造提供了不可复制的自然条件。赤水河水的清澈甘甜、河谷地带的温润气候以及当地特有的红缨子高粱，共同铸就了茅台酒的卓越品质。这种地域的局限性使得茅台酒的产量无法随意扩大，从而天然地形成了稀缺的属性。

茅台酒的酿造工艺复杂且考究。从端午制曲、重阳下沙，到历经九次蒸煮、八次发酵、七次取酒，再经过多年的储存和精心勾兑，整个过程需要耗费大量的时间和人力成本。传统的酿造工艺不仅保证了茅台酒的独特风味，也限制了其产量的快速提升。每一瓶茅台酒都蕴含着酿酒师的心血和智慧，这种稀缺的手工技艺使得茅台酒在市场上更加珍贵。

茅台酒的品牌历史和文化价值也为其稀缺性增添了厚重的底蕴。作为中国的国酒，茅台酒有着悠久的历史和丰富的文化内涵。它见证了中国的重大历史事件，成为国家荣誉和民族文化的象征。消费者购买茅台酒，不仅是为了品尝美酒，更是为了拥有一份历史的传承和文化的体验。这种品牌的附加值使得茅台酒在市场上的需求持续旺盛，进一步加剧了其稀缺性。

在市场策略方面，茅台酒厂也巧妙地利用了产品的稀缺性。通过控制产量、实行限量销售等方式，营造出一种供不应求的市场氛围。消费者为了获得一瓶茅台酒，往往需要提前预订、排队购买或者通过正规渠道抢购。这种稀缺感不仅提高了茅台酒的市场价格，也增强了消费者对品牌的忠诚度和美誉度。

茅台酒的稀缺性盈利方式还体现在其投资价值上。由于茅台酒的品质稳定、品牌知名度高且产量有限，许多人将其视为一种具有保值增值功能的投资品。随着时间的推移，茅台酒的价格不断上涨，一些收藏者和投资者通过购买和储存茅台酒，获得了可观的经济收益。

总之，茅台酒以其独特的产地、复杂的工艺、深厚的文化价值以及巧妙的市场策略，充分展现了产品稀缺性盈利的魅力。它不仅是一种美味的佳酿，更是一种商业智慧的结晶，为众多企业提供了可借鉴的成功范例。

案例2：与时尚结合的限量版运动鞋

某知名头部运动鞋品牌推出的一款与国际顶级设计师合作的限量版运动鞋，在全球仅发售几百双。消息一经发布，便在时尚界和运动界引起了轩然大波。鞋迷们纷纷在社交媒体上分享自己的期待，各大时尚媒体也争相报道。发售当日，各地的专卖店门口排起了长龙，甚至有人不远千里赶来，只为有机会购买到这双梦寐以求的运动鞋。而在二手市场上，这款运动鞋的价格更是被炒到了原价的数倍甚至数十倍。

在时尚与运动的交汇领域，头部运动鞋品牌以其独特的独享型稀缺性，书写着令人瞩目的商业传奇。

这些头部运动鞋品牌从诞生之日起，就凭借卓越的设计理念和精湛的制作工艺，迅速脱颖而出。它们深知，在竞争激烈的市场中，要想占据一席之地，必须创造出与众不同的产品。于是，设计师们倾尽全力，将创新元素融入每一双运动鞋中，从独特的造型到先进的科技材料运用，无一不展现出品牌的个性与魅力。

稀缺性首先体现在限量发行上。这些品牌会不定期推出限量版运动鞋，每一款都如同稀世珍宝般珍贵。无论是与知名艺术家的合作款，还是为纪念特殊事件而打造的特别版，数量都极为有限。这种限量发行的策略，瞬间点燃了消费者的热情。鞋迷们为了拥有一双独一无二的运动鞋，不惜彻夜排队、高价求购。在他们眼中，这些运动鞋不仅仅是一种穿着用品，更是一种身份的象征、一种收藏的珍品。

制作工艺的复杂性也是造成稀缺性的重要因素。头部运动鞋品牌对品质的追求近乎苛刻，每一双鞋都经过多道精细的工序制作而成。从挑选优质的原材料，到手工缝制的细节处理，再到严格的质量检测，每一个环节都凝聚着工匠们的心血。这种对品质的执着，使得生产速度相对较慢，进一步加剧了产品的稀缺性。

品牌的营销策略更是将稀缺性发挥到极致。通过社交媒体的预热宣传、明星代言以及举办独家的发布活动，营造出一种神秘而令人期待的氛围。消费者们在这种氛围的影响下，对品牌的新产品充满了渴望和向往。同时，品牌还会采用抽签、会员专属购买等方式，增加购买的难度和稀缺感，让消费者更加珍惜每一次拥有的机会。

以上案例说明，产品的稀缺性，是我们对于一个产品的顶尖评价。它仿佛有一种魔力，能够对消费者产生无法抗拒的吸引力，让他们甘之如饴地购买，甚至愿意付出溢价。通过产品的稀缺性变现是一个有效的商业策略。企业或个人可以通过限量销售、独特产品与服务、饥饿营销策略以及特殊时段销售等方式，实现产品的差异化竞争和盈利。

通过产品稀缺性进行变现，可以遵循以下策略和方法。

（1）明确稀缺性来源。首先，要明确产品的稀缺性来源。稀缺性可能源于产品的独特性、限量生产、高品质材料、特殊工艺或设计等因素。了解稀缺性的本质，有助于制定更有针对性的变现策略。

（2）制定定价策略，从高价和溢价两方面入手。对于真正稀缺且独一无二的产品，可以采取高价策略。消费者为了获得这些独特的产品，往往愿意支付更高的价格。如果产品具有某种特殊价值或附加属性（如品牌、文化、艺术等），可以在正常价格基础上加上一定的溢价。

（3）运用营销策略打造稀缺氛围和热销场景。通过市场营销手段，如广告、宣传、社交媒体等，营造产品的稀缺氛围。强调产品的独特性、限量性和不可复制性，激发消费者的购买欲望。通过呈现产品的持续热销场景，如排队购买、抢购一空等，让消费者感受到产品的受欢迎程度和稀缺性。设定产品的销售时间和数量限制，制造紧迫感。消费者为了在有限的时间内获得产品，可能会更加积极地购买。

33. 爆款变现

一个爆款拯救一家企业，打造爆款，就是集中企业核心资源，做出一个原创的、具有差异化的产品，并把它做到极致。

——王冲

案例1：QBhouse打造"10分钟快速理发"爆品

在竞争激烈的商业世界中，QBhouse以其独特的经营模式和爆款策略，成功实现了商业变现，成为行业的佼佼者。

QBhouse打破了传统理发店的烦琐与耗时，专注于提供快速、便捷且高质量的理发服务。它的店铺通常面积不大，装修简约，以明亮的色彩和简洁的布局给人一种清新舒适的感觉。这种独特的风格在众多理发店中脱颖而出，瞬间吸引了消费者的目光。

（1）QBhouse的爆款产品就是"10分钟快速理发"。在这个快节奏的时代，人们越来越珍惜时间，对于理发的需求也更加注重效率。QBhouse精准地抓住了这一痛点，推出了10分钟内完成理发的服务承诺。专业的理发师们经过严格的培训，能够在短时间内为客户打造出整洁、时尚的发型。这种高效的服务模式迅速成为市场上的爆款，吸引了大量忙碌的上班族、商务人士以及追求便捷生活的消费者。

（2）QBhouse 实行统一透明的价格策略。没有复杂的套餐和隐形消费，让消费者一目了然。这种诚信的经营方式赢得了消费者的信任，也使 QBhouse 在市场中树立了良好的口碑。消费者不必担心被宰客或陷入价格陷阱，放心地选择 QBhouse 进行理发。

（3）QBhouse 注重细节和用户体验。虽然以快速理发为特色，但在服务质量上却毫不含糊。店内配备了舒适的理发椅、专业的理发工具和清洁的卫生环境。理发师们热情友好，耐心倾听客户的需求，为客户提供个性化的服务。从进门的那一刻起，客户就能感受到 QBhouse 的专业与贴心。

通过打造这款爆款服务，QBhouse 实现了快速的商业变现。一方面，高流量的客户群体为店铺带来了稳定的收入。由于服务高效，客户周转率高，即使店铺面积不大，也能创造出可观的经济效益。另一方面，QBhouse 的品牌影响力不断扩大，吸引了众多加盟商的关注。通过加盟模式，QBhouse 将自己的成功经验复制到更多的地方，进一步拓展了市场份额。

案例2：爆品+暴利实现月营业额120万元

一个爆款产品能养活一个企业。现在不是做量的时代，而是做爆品的时代。张总经营着一家潮汕牛肉火锅店，火锅店的牛肉选料极其考究，十分新鲜，品质也好，但是这个产品优势其实很难形成差异化价值，基本上每家火锅店的品类都差不多，而火锅可以说是餐饮中竞争最激烈的品类，生意最好的时段就是晚上和周末，工作日的白天很少有生意上门，但是就算是白天没有人进店，房租和水电煤气费用都是要正常缴纳的，成本居高不下。张总经常思考，怎么样才能在工作日的白天也能让客户进店实现盈利呢？带着这样的困惑和诉求，张总走进了我的课程。

招数一：爆品+暴利。

步骤1. 推出超值牛尾鲍鱼饭套餐，套餐内有牛尾和鲍鱼，真材实料，物超所值；

步骤2. 28元一份，并随餐赠送一份青梅汁，青梅汁清油解腻降三高，自制饮品具有定价权，成本可控。

招数二：渠道变革。

步骤1. 提供外卖服务，外卖包装及餐具上印有二维码；

步骤2. 食客扫码关注公众号注册会员，领取电子会员卡；

步骤3. 凭借电子会员卡到店消费可免费领取一份小菜，消费产生的积分还可以抵现。

招数三：业绩增额奖。

步骤1. 鼓励服务员推荐套餐；

步骤2. 每售出一份套餐，就给予其2元的奖励，售出越多，奖励越多。

招数四：砍多余。

步骤1. 每个月在点菜系统内进行菜单总结；

步骤2. 去掉月销售低于10份的菜品，精减菜单；

步骤3. 控制备货，减少库存积压，也避免客户偶然点一次却没有备货的尴尬。

经过一年多的学习和实践，张总运用"双爆"策略引流，扫码注册会员截流，到店消费免费送小菜回流，并通过业绩增额奖提升员工动能，每个月进行菜单筛选，只保留"特色"和爆品，既减少了备菜压力又不会出现客人点餐但是店里没有的尴尬事。现在张总的火锅店客流量翻了3倍，每天店里人流如织，桌桌爆满，甚至要排队好几个小时，每个月的营业额从原来的 32 万元变成了现在的 120 万元，翻了近 4 倍，并且积累了大量的会员，成本也从原来的每个月十几万元降到了现在的 6 万元。

以上案例说明，爆品，即爆款产品，是指在市场上受到广泛欢迎和热烈追捧，销售量或关注度远超其他同类产品的商品。爆款变现的底层逻辑是高需求、高传播性和高转化率。想要实现爆款变现，离不开三步法，分别是两轻、五重、三生态。

（1）"两轻"是爆品变现最基本的逻辑，即轻度决策和轻度竞争。这可以看作一个产品、市场或产业的生命周期中的 A 点。在这个阶段，市场高速增长，需求远大于供给，存在自然流量，客户决策难度低，竞争也相对轻松。此时，企业只需根据客户需求，提供匹配的产品，就能轻松实现变现。

（2）"五重"，随着市场的发展，需求与供给逐渐平衡，甚至供给超过需求，此时就进入了决策、竞争、研发、运营和营销的五重阶段。在 B 点和 C 点，企业需要付出更多的努力来吸引客户，提高产品的竞争力。重度决策即客户在选择产品时变得更加谨慎，需要更多的信息来做出决策；重度竞争即市场上竞争者众多，企业需要不断创新和升级产品，以保持竞争优势；重度研发即企业需要投入更多的资源进行产品研发，以满足客户不断变化的需求；重度运营即优化运营流程，提高客户满意度和忠诚度，以维持市场份额；重度营销即通过多渠道、多方式的营销手段，提高品牌知名度和影响力。

（3）"三生态"是指构建爆品变现的产品、流量和变现生态系统。产品生态即企业需要不断丰富产品线，打造差异化特点，以满足不同客户的需求。同时，还需要关注产品的质量和创新，以保持产品的竞争力。流量生态即通过多渠道获取流量，包括社交媒体、搜索引擎、广告投放等。同时，还需要优化网站或应用的用户体验，提高客户留存率和转化率。变现生态即构建多元化的变现模式，包括广告变现、电商变现、会员变现等。同时，还需要关注客户的支付意愿和支付能力，以实现最大化的变现效果。

管理篇

34. 人才变现

许多人将"人才变现"理解为简单的技能交易,这是一种浅层次的认知。真正的"人才变现",是将个体优势与时代机遇巧妙结合,创造出独特的、不可复制的商业价值。

——王冲

案例1：苹果公司让人才高效变现

在科技行业的激烈竞争中,苹果公司以其独特的方式实现了人才的高效变现,成为全球商业领域的佼佼者。当然,苹果公司的人才变现并非直接将员工技能转化为产品售卖（如培训课程）,而是通过其独特的企业文化和管理模式,将员工的创造力、创新能力和专业技能转化为产品创新、品牌溢价和市场占有率,间接实现高额利润。这是一种深层次的人才变现模式,其核心在于建立一个高效的人才生态系统。

苹果公司的人才变现并非单一模式,而是通过以下几个互相促进的招数,构成一个完整的生态系统。

招数一：吸引顶尖人才。苹果公司通过高薪、优越的工作环境,以及参与创造革命性产品的机遇,吸引全球顶尖的工程师、设计师、市场营销人员等。

招数二：激发创造力与创新。苹果公司独特的企业文化强调极简主义、完美主义和用户体验至上,这促使员工在工作中不断追求卓越,激发他们的创造力,带来持续的创新。

招数三：高效的团队协作。苹果公司采用扁平化的组织结构和跨部门协作模式，让不同领域的专家能够高效地沟通和合作，将创新想法快速转化为产品原型。

招数四：严格的质量控制。苹果公司对产品质量有着近乎苛刻的要求，这确保了产品的高品质和用户体验，从而提升品牌价值和市场溢价。

招数五：强大的品牌影响力。苹果公司的品牌影响力能够让其产品以更高的价格售卖，这种溢价很大程度上源于其优秀的人才团队创造的产品和服务。

苹果公司通过精心打造的人才生态系统，将员工的创造力、创新能力和专业技能转化为产品创新、品牌价值和市场占有率，最终实现高额利润。

案例2：人才优势如何转化为企业核心竞争力

几年前，周某创办了一家科技公司，汇聚了一批在各自领域内具有深厚技术背景的专业人才。这些人才不仅拥有扎实的技术功底，还具备创新思维和解决复杂问题的能力。然而，尽管公司拥有这样的人才库，业绩增长却始终不尽如人意。

去年，他向我请教解决的方案。在帮他复盘后，我指出了问题的核心：公司缺乏有效的人才变现模式。如果不改变现状，公司的人才优势将无法转化为企业的核心竞争力，最终可能导致人才流失，公司的发展前景也将变得渺茫。

他问我"要怎么办"，我给出了如下解决方案。

招数一：开发一系列跨部门培训课程。我与其公司骨干员工共同开发了一系列跨部门培训课程。例如，让技术人员学习市场营销知识，了解产品如何推向市场；让市场人员学习技术基础知识，以便更好地与客户沟通技术优势。通过这些课程，拓宽了员工的知识视野，培养了他们的综合能力。

招数二：设立多元化考核指标。公司重新设计了绩效考核指标体系，除了传统的业绩指标外，还增加了创新能力、团队协作、客户满意度等方面的考核指标。例如，对于技术研发人员，考核他们的专利申请数量、技术创新成果的应用效果等；对于团队项目，评估团队成员之间的协作效率和成果质量。

招数三：定期举办创新大赛。大赛每年组织一次。其旨在鼓励员工提出创新的产品理念、业务模式或管理方法。在第一届大赛中，设立了丰厚的奖项，包括奖金、晋升机会和荣誉证书等。通过创新大赛，激发了员工的创新热情和创造力，涌现出了一批优秀的创新项目和人才。

招数四：设立双通道晋升体系。公司建立技术和管理双通道晋升体系，让技术人才和管理人才都有明确的职业发展路径。技术人员可以根据自己的技术能力和业绩，晋升为高级工程师、技术专家等；管理人员可以通过提升管理能力和团队绩效，晋升为项目经理、部门经理等。

招数五：实施股权激励计划。为了吸引和留住核心人才，公司实施股权激励计划。根据员工的岗位、业绩和贡献等因素，授予他们一定数量的公司股票或期权。让员工成为公司的股东，分享公司发展的成果，增强他们的归属感和忠诚度。同时，股权激励也激励员工为公司创造更大的价值，实现个人与公司的共同发展。

上述方案实施后，经过近一年的努力，这家企业在人才变现方面取得了显著的成效。员工的综合素质和工作能力得到了大幅提升，创新成果不断涌现，公司业绩实现了快速增长。

35. 团队变现

团队的价值不等于个体能力的简单叠加，而是团队协作所产生的化学反应，是1+1>2的指数级增长。一个团队要实现高效变现，须如同一台精密运转的机器，需要每个齿轮都精准到位。

——王冲

案例1：从濒临破产到年入5000万元

三年前，王总创立了一家公司，主营业务是房地产咨询。公司共10个员工，业绩不错。于是，他大量招人扩建团队，很快他就发现，团队大了，内卷严重。随之而来的是业绩大幅下降，加上人力成本过高，结果当年就发不出工资了。

后来，他希望我给他一些建议。我的意思很明确：将员工变成合伙人，以快速实现团队变现。他有些不解："怎么个合伙法？那我还要不要做老板？"

我说："老板的格局，主要体现在是否愿意分钱，以及是否会算账，而不是你是不是'老板。'"

他说："好像有点儿道理。"

我说："你想要突破，就必须逼自己一把，融入新的思维，尝试新的变革，变革不一定成功，但墨守成规只有等死。"

他问："那究竟怎么个做法？"

我建议他运用如下策略。

招数一：设计赚钱项目。一定要设计一些好的赚钱项目，然后再策划一些资源分享会议，邀请行业潜力机构参加，在会上讲出赚钱项目，同时，要多分享公司的优势。这么做，也是对一批意向客户进行批量铺垫，可节约不少业务成本，缩短业务周期。

招数二：成立事业分部。公司以前部门之间分工明确，业务部、咨询部、人事部、财务部、自媒体各司其职，部门之间缺少交流和统一的思想。自媒体只做营销推广，出的文案业务部觉得不走心，业务部只邀约客户不想编辑文案。我建议将业务部、咨询部、自媒体核心部门单独成立事业分部，部门老大入股成为公司合伙人，参与项目业绩分红、团队业绩分红及公司业绩分红。在事业部成立后，业务部要根据特定场景编写话术；自媒体部门也开始学做业务，从业务的角度去提炼文案，部门之间有了更好的融合。

招数三：构建合伙平台。公司最好实行全员营销政策，统一比例拿提成，提供信息成交后拿2%，跟单拿3%，公司产品销售拿20%，公司单项目投资1万元，按项目拿10%提成。之所以定这个政策，是因为很多业务员愿意花钱投资项目赚更多的钱，投资以后，他们会比以前更有动力去邀约客户，跟催客户。

招数四：设计薪酬体系。对事业部的薪酬体系进行改革，即对员工的工资结构进行全面且具有激励性的调整。具体而言，将全员工资的25%设定为浮动工资部分。当员工完成任务达标时，他们将获得双倍的奖励。对于非业务部门，设置业务补贴，以激励他们积极参与到业务拓展中来，打破部门之间的壁垒，形成全员营销的良好氛围。此外，对于参与投资项目的员工，给予更为丰厚的激励。他们能够在项目成功实施后，获得项目利润的10%作为项目提成。这一政策不仅吸引了更多员工积极参与到投资项目中，为项目的顺利推进提供了人力保障，同时也充分体现了公司对员工贡献的认可和奖励。

招数五：设计裂变机制。定期举办闭馆培训。在闭馆培训期间，公司各部门充分发挥自身优势，积极输出具有高度专业性和实用性的标准操作流程（SOP），并组织全员进行分享交流。这些 SOP 涵盖了各个业务领域的关键环节和核心操作要点，包括市场营销的精准客户定位策略与高效推广技巧、产品研发的创新流程与质量把控要点、客户服务的精细化沟通与问题解决方法等。同时，为了进一步提升员工的专业技能传承和团队协作能力，公司在部门内部推行师徒制。当徒弟经过一段时间的学习和实践，成功出师后，师傅将获得徒弟业绩的 10% 作为提成奖励。

通过上述几个招数，这个王总不但显得有格局了，作为左膀右臂的财务、人事更给力了，而且公司业绩也得到了大幅提升，人数也从起初的 10 人发展到 50 多人，年收入近 5000 万元。与此同时，公司内部逐渐形成了一种良好的学习氛围和传承文化，员工之间的协作更加紧密，团队整体实力不断增强。

案例2：业绩3年翻10倍，究竟凭什么

很多老板都非常关心一个问题，即"如何让自己的团队具备高转化能力？"，这也是我经常被人问到的问题。我操盘过多个超亿级营收项目，曾经在 1 个月内快速搭建起 500+ 人转化团队（都没有经验）完成转化。也曾通过组建志愿者团队，让他们和我一起扛起业绩大旗，负责前端拉新转化与后端服务续报，创下超 4000 万元营收。

我越来越意识到，作为运营人打造一支高转化能力的团队有多么重要。下面，我再来分享一个传统制造业转型升级的案例。

在大学期间，李总就开始创业，他和朋友一起研究老水泵进行改良作为拳头产品，通过自己的努力，零资本、零关系，半年挣足 100 万元，两年资产上千万元，并且给创业伙伴买了四十多辆车、十几套房，公司发展迅速，年仅 26 岁资产过亿元，成为行业标杆，获得了很多省市、国家级

荣誉，可谓是年少有为，前途无量。

可是，由于李总长期不在公司坐镇，团队疏于管理，内部分化严重，拉帮结派，最后甚至上演"逼宫"大戏，逼不得已，李总与当初的领导班子分家，公司业绩一落千丈，人心惶惶，年销售额跌落到只有几千万元。

这一系列变故的发生让他深受打击，就在这时候，一位朋友介绍他来参加我的课程，经过一段时间的学习，他开始在运营中运用我提供的一些招数，并取得了巨大的成功。这些招数如下。

招数一：合伙人。

步骤1.缴纳30万元的保证金成为城市合伙人；

步骤2.完成一单给到30%的分利，并退还本金；

步骤3.一年时间到期后没有完成订单也将本金全部退还。

招数二：展示实力。

步骤1.免费邀约合伙人到长沙，上午参观工厂，展示企业实力；

步骤2.下午参加招商会，向合伙人展示团队，讲解合作方式和方案；

步骤3.晚上参加晚宴，进一步促单；

步骤4.第二天早上已成交客户到李总公司洽谈合作细节，签订合同。

招数三：内部融资。

步骤1.收取员工的闲置资金存放在企业内部，共收取2000多万元现金，大大地缓解了公司的现金流；

步骤2.用人民币兑换企业发行的虚拟货币，在企业内流通"企业币"；

步骤3.每年按季度开大会用发放现金的方式给员工发放分红。

招数四：同心多元化。

步骤1.从原来单纯的水泵升级到围绕水的二次加压设备；

步骤2.生产净水设备、污水设备，对行业产品进行垄断；

步骤3.建设智慧泵房，用云管理、大数据为各类工程提供智慧供水解决方案。

招数五：区域切割。

步骤1. 沿着"一带一路"线路部署业务；

步骤2. 开发柬埔寨、缅甸、越南、老挝等东南亚市场，招募海外合伙人；

步骤3. 在东南亚成立分公司。

现在，其公司在全国有几百个合伙人，以广西的一位合伙人为例，仅她一个人就为李总带来了3000万元的订单。而通过内部融资不仅解决了公司的现金流问题，还将员工进行了筛选，很多对公司和老板没有信心，立场不坚定的人慢慢离开，留下的优秀员工和高管都对公司未来发展充满信心，动能满满。虽然员工人数从开始的几百人减少到现在的40人，但是李总公司的业绩却实现了快速上涨，从原来的7000万元到2亿元，再到4亿元，直到现在的7亿元，业绩在短短的三年时间里就翻了10倍。而且现在李总的生意也在东南亚扎根，开设了事业部。

36. 激励变现

激励的精髓在于"以人为本"，在于对人性的深入洞察。激励就是用最少成本获取最大利益，让员工和企业一起奔跑。

——王冲

案例1：胖东来让员工从"打工仔"变身"家人"

胖东来以其独特的员工激励机制闻名，其核心在于将员工视为家人，构建和谐的企业文化，并提供优厚的福利待遇和发展空间，以此激发员工的工作热情和归属感。这并非单一措施，而是多种激励方式的综合运用。

招数一：构建企业文化，增强归属感。胖东来鼓励员工积极参与公司决策，例如定期召开员工座谈会，听取员工意见和建议，并将员工的建议纳入公司管理和决策中。这不仅让员工感受到被尊重，也提升了他们的参与感和责任感。同时，胖东来注重营造轻松愉快的家庭式工作氛围，鼓励员工之间互相帮助、互相支持，形成积极向上的团队精神。例如，定期组织员工活动，加强员工之间的沟通与交流。

招数二：完善薪酬福利，提升物质激励。众所周知，胖东来为员工提供远高于同行业平均水平的薪酬。例如，基层员工的工资能达到当地同行业的两三倍。这使得员工在经济上有足够的安全感和满足感，能够安心工作，不必为了生计而频繁跳槽。除了高工资，胖东来还提供丰富的福利，包括各种节假日福利、带薪年假、定期体检等。同时，为员工提供舒适的工作环境，如配备空调、休息区等。这些福利措施让员工感受到企业的关爱，增强了员工的归属感和忠诚度。

招数三：提供发展平台，促进职业成长。胖东来为员工提供系统的内部培训，帮助员工提升技能和素质，并建立完善的晋升机制，为员工提供职业发展通道。另外，公司实施轮岗制度，让员工有机会接触不同的岗位和部门，拓宽视野，积累经验，提升综合能力，为未来的发展打下坚实的基础。

招数四：尊重员工，提升精神激励。胖东来尊重每一位员工的个性和想法，鼓励员工发挥自己的才能和创意，并给予员工充分的信任和自主权。公司建立了公开透明的沟通机制，及时向员工反馈公司信息和发展动态，并鼓励员工积极参与公司管理和决策，营造积极向上的工作氛围。公司定期表彰先进员工，树立榜样，激励其他员工积极进取，努力工作，为公司创造更大的价值。

通过以上措施，胖东来成功构建了一个高效、和谐、充满活力的企业团队，实现了企业和员工的共同发展。值得注意的是，这些措施并非孤立存在，而是相互配合、相互促进，共同构成了胖东来独特的员工激励体系。

案例2：从员工"懒癌"到日入3万元的蜕变

姜总是一位专注于卤味行业的老板。其家族传承的卤味品牌拥有深厚的历史底蕴，已历经百年的风雨洗礼。该品牌凭借独特的制作工艺和卓越的品质，在当地家喻户晓，成为备受认可的地方品牌。

现在，他专门做真空包装的卤菜、豆干、卤肉等散装零食，以及礼盒装产品，其最大的一家店在机场。有一段时间，他经常因为门店业绩不好，员工动力不足，死气沉沉而愁眉苦脸，还经常抱怨："我们的员工太懒了，这么年轻不能吃苦，眼睁睁看着钱在那儿不知道赚，到底怎么做才能提升员工的动能呢？"

带着这些困惑，他来到了我的课堂，经过一段时间的学习，我开始帮助他进行"整改"。具体的措施如下。

招数一：好处1+好处2+好处3。

步骤1. 店内日营业额6000元，店长月工资底薪4000元，提成1%；

步骤2. 店内日营业额超过6000元，超出部分给到店长30%；

步骤3. 薪酬分配方案改变20天后，店内日营业额变成了1天2万元，去掉保底的营业额6000元，多出的14000元店长可以拿到4200元，也就是1天拿了过去1个月的工资，店长动能立即提升。

招数二：员工裂变。

步骤1. 与店长合作开新店，把员工变成合伙人；

步骤2. 新店给到合伙店长40%分红；

步骤3. 给予新店店长一定比例的奖励机制。

招数三：多方合作。

步骤1. 与航空公司合作，为航班提供卤味小食；

步骤2. 与相关机构合作，出广告费在机票上为城市做广告，顺便为自己的产品做宣传。

通过这些提升了店长的动能，营业额快速增长，从原来1天几千元的营业额变成现在1天3万元左右，并且还裂变了新店，同时，姜总还帮助员工实现财富倍增，完成了从员工到合伙人的身份转变。而销量的提升，也无意间促成了和航空公司的合作，这一切只是从一个薪酬的改变开始。这就是机制带来的动力，不是员工不愿意动，不是店长没有动能，一个从偷懒、不积极、不能让店面产生业绩的店长变得积极向上，都是因为给到了员工足够多的"利"的动力。

37. 领导力变现

领导力并非权力，而是影响力；并非控制，而是引导。领导力变现，并非简单地将领导职位转化为经济收益，而是将领导者的远见卓识、战略思维和卓越执行力转化为团队的整体效能提升。

——王冲

案例1：杰克·韦尔奇——通用电气的"变现狂魔"

杰克·韦尔奇是个伟大的商业奇才，但绝不是温良恭俭让的君子。他上任时，通用电气是一艘航母，庞大却迟钝。但他没想着慢慢改进，而是玩了一出"野蛮生长"的狠戏！

他首先实施了"去肥减瘦"策略，毫不留情地砍掉那些低效部门，那些哭天喊地、苦苦哀求的，他充耳不闻。这可不是什么"人性化管理"，而是冷酷的商业决策，他的领导力体现在他的果决和魄力上，这直接提升了通用电气的效率和盈利能力。

然后，他推行"活力曲线"，把员工按照绩效排队，毫不客气地淘汰掉落后的20%。这招够狠吧？但他同时也给剩下的员工提供了巨大的发展空间和高额的奖励。这既提升了员工的竞争力，又为公司节省了大量的人力成本，同时提高了公司整体的竞争力。这是一种残酷却有效的激励机制，最终提升了通用电气的整体运营效率。

所以说，他可不是什么"员工友好的CEO"，而是个不折不扣的"绩效狂魔"。在他的带领下，通用电气的市值飞涨，他个人的财富也随之水涨船高。他用他冷酷的领导力，彻底改变了通用电气，也彻底改变了自己的命运。这才是领导力变现的最高境界——用你的领导力，创造一个商业帝国，最终让自己成为这个帝国的主人！

那些只会讲"团队合作""企业文化"的领导力培训，往往只是停留在理论的表面，缺乏实际可操作性的指导和深入的实践演练。它们就像是空中楼阁，看似美好却难以真正落地，让学员们在培训结束后，虽然脑海中充满了各种概念，但在面对实际工作中的领导情境时，依然感到无从下手。

韦尔奇的例子告诉你，真正的领导力变现，是用你的决策力和魄力，创造出惊人的商业价值，最终将你的影响力转化为财富！

案例2：花瓶CEO？那你就大错特错了

别以为只有那种铁腕手段才能实现领导力变现，温柔一刀，同样能创造巨大的商业价值！这里举一个关于英德拉·努伊——百事可乐的"可持续发展"女皇的例子。

起初，很多人都被努伊优雅的外表迷惑了，认为她是"花瓶CEO"。

她上任时，百事可乐面临着巨大的挑战：健康饮食的兴起，消费者对碳酸饮料的需求下降。而她选择的不是激进的改革，而是战略性的转型。

努伊没有像韦尔奇那样大刀阔斧地裁员和重组，而是注重可持续发展，积极推广健康食品和饮料，减少碳排放，关注社会责任。这看起来好像和"领导力变现"没什么关系，其实，这正是她的高明之处。

努伊用她自己的领导力，改变了百事可乐的品牌形象，使其从一个传统的碳酸饮料公司，转型为一个更健康、更可持续发展的食品和饮料巨头。这不仅吸引了更多注重健康的消费者，也获得了投资者的青睐，提高了公司的市值和品牌溢价。她的领导力，体现在她对市场趋势的精准把握，以及她对公司战略的成功转型。

努伊并没有像韦尔奇那样用"铁血手腕"来实现领导力变现，而是用长远的眼光和战略性的布局，悄无声息地提升了百事可乐的价值，最终为自己和公司创造了巨大的财富。这是一种更为"优雅"的领导力变现方式，但这并不意味着它比韦尔奇的方式更"温和"。这需要更深远的战略眼光和更强大的执行力。

所以，领导力变现的方式多种多样，既可以像韦尔奇那样，用雷霆手段创造价值，也可以像努伊那样，用长远战略和可持续发展，稳步提升公司价值。关键在于，你得认清形势，选择适合自己的路径，并最终将你的领导力转化为强大的商业竞争力，从而实现你的财富和事业的巅峰！

从上面两个案例可以看出，领导力不是虚无缥缈的东西，而是能够被精准衡量和变现的硬通货——领导力越强，公司战斗力越强，整个公司有战斗力，企业盈利能力就会变强。那些还在纠结"领导力是什么"的人，已经输在了起跑线上。

这里不妨讲一个我亲历的案例。

赵总是我的一位学员。她拥有计算机工程硕士学位，没有选择进入大型农业公司，而是选择创业。她的目标：利用人工智能和物联网技术，打造一个高效率、低成本、可持续发展的智能农场。

她说："我的短板是领导力差，我怎么能在短时间内弥补这个短板呢？"我说："要提升个人领导力，并将其转化为真金白银，不是参加一些'领导力培训'课程就可以做到的。"

"那要怎么办？"

我说："我这里没有鸡汤，只有干货。"于是，我给她支了几个狠招儿。

招数一：建立个人品牌，打造"意见领袖"。

步骤1. 把自己打造成一个专家，一个行业权威；

步骤2. 撰写高质量文章、参与行业峰会、积极在社交媒体上发声，建立起你的个人 IP；

步骤3. 要成为某个领域的行家或资深人士。

招数二：自我认知与反思。

步骤1. 每日领导力日记，对本周的领导力日记进行一次回顾总结；

步骤2. 寻求360度反馈，定期（每季度或每半年）向自己的下属、同事，以及合作伙伴等收集关于自己领导力表现的反馈意见；

步骤3. 借助一些专业的领导力风格评估工具（如 DISC 领导力测评、MBTI 等），了解自己的领导力风格特点。

招数三：目标导向与战略规划。

步骤1. 根据自己所在团队或组织的整体战略目标，结合当前的实际情况，制定自己在短期内（3～6个月）和中期内（1～2年）的具体领导目标；

步骤2. 将领导目标分解为具体的行动计划和步骤，并明确每个步骤的责任人、时间节点和预期成果；

步骤3. 学习战略思维，了解战略规划的基本概念、方法和流程；

步骤4. 建立一套有效的战略跟踪机制，定期（每月或每季度）对战略执行情况进行评估和分析。

招数四：团队建设与激励。

步骤1.定期与团队成员进行一对一的沟通交流，了解他们的职业发展规划、个人目标、工作期望以及在工作中遇到的困难和问题；

步骤2.根据团队成员的不同需求和特点，制定个性化的激励措施；

步骤3.积极倡导和塑造一种积极向上、团结协作、创新进取的团队文化。

招数五：沟通与影响力提升。

步骤1.学习和掌握有效的沟通技巧，包括倾听技巧、表达技巧、反馈技巧等；

步骤2.学会利用人际关系网络解决问题和获取资源；

步骤3.明确自己的核心价值和优势，通过不断学习和实践，提升自己在专业领域的知识和技能水平，成为团队或组织内的专家权威。

通过上述五招，只用了半年时间，赵总的领导力就得到了明显的提升，团队成员对他的认可度大幅提高，工作积极性显著增强。在她的带领下，公司的各项工作都能稳步推进，业绩也有了大幅改善。

38. 组织增长变现

真正的增长，并非体现为财务报表上的数字膨胀，而是体现在组织对市场变化的快速反应能力，对客户需求的精准把握能力，以及对创新机会的敏锐捕捉能力。这，才是确保组织增长变现的根本！

——王冲

案例：三招助某酒店年营收近10亿元

三年前，有一位酒店老板向我咨询有关组织增长的事宜。当时，我就告诉他，单纯探讨组织设计的理论，意义并不大。毕竟，众多关于组织的理论模型、设计原理以及原则在教科书里有详尽阐述，而且标杆案例更是数不胜数。然而，当回归到现实场景，你会发现依据理论未必就能做出准确无误的决策。于是，我请他详细描述一下公司的基本情况，比如在组织方面遭遇了哪些难题，期望通过这次咨询达成怎样的目标。

这位老板经营的是一家中等规模的商务型酒店，位于一线城市的核心商务区。酒店拥有客房200间左右，同时配备了餐厅、会议室等设施。酒店已经经营了5年时间，过去凭借着良好的地理位置和相对稳定的客户群体，业绩还算可观。但近年来，随着周边新酒店的不断涌现，竞争日益激烈，酒店的入住率和营收开始出现下滑趋势。

经过详细调研，针对该酒店存在的组织问题，我给出了三大应对招数。

招数一：优化组织架构与流程。

步骤1.建立跨部门沟通协调小组。从销售、前台、客房、餐饮等关键部门挑选沟通能力强、业务熟悉的员工组成协调小组。明确小组的职责和工作流程，如定期召开沟通会议，汇总和解决各部门之间的协作问题。

步骤2.重新梳理业务流程。对酒店的主要业务流程，如客户预订流程、入住办理流程、餐饮服务流程等进行全面梳理和优化。

步骤3.引入酒店管理系统，实现客户信息、预订信息、客房状态等数据的实时共享和统一管理。

招数二：完善员工激励机制。

步骤1.建立多元化绩效考核体系。确定全面的考核指标，并为每个考核指标设定明确的权重和评分标准。

步骤2. 丰富奖励形式。除了物质奖励，增加精神奖励形式。例如，每月评选"服务之星""优秀员工"等荣誉称号，在酒店内部进行表彰和宣传，给予荣誉证书和奖品，并将其作为晋升的重要参考依据。

步骤3. 建立员工反馈机制。定期开展员工满意度调查，了解员工对工作环境、薪酬福利、职业发展等方面的意见和建议。

招数三：构建人才培养体系。

步骤1. 完善新员工入职培训。包括酒店概况、企业文化、规章制度、职业道德、服务礼仪、岗位技能等方面的培训内容。另外，在酒店实行导师制度，为每位新员工指定一位经验丰富的老员工作为导师。

步骤2. 明确员工职业发展路径。设计多条职业发展通道，如管理通道（基层员工—主管—经理—总监等）、技术通道（初级技术员—中级技术员—高级技术员—技术专家等）、服务通道（服务员—资深服务员—服务领班—服务主管等），满足不同员工的职业发展需求。

步骤3. 加强内部培训与人才开发。比如，建立内部培训课程体系，选拔和培养内部培训师队伍等。

通过以上三招的实施，逐步解决酒店在组织方面存在的问题，提升酒店的整体运营效率和服务质量。

现在，该酒店已成为当地一个知名品牌，并开启了连锁经营模式，有3家分店，近1000名员工，2023年营收近10亿元，并保持着近40%的增长速度。

39. 降本增效变现

降本增效是对资源的优化配置，对流程的精益管理，对效率的极致追求。其最高境界是创造新的价值，而不是简单的"开源节流"，更不是压缩成本。

——王冲

案例1：简单四招，让车企绝处逢生

随着行业"内卷"加剧，各大车企"血拼"价格已成常态，迫切要求企业追求更加极致的成本竞争力。赵先生是我的一位朋友，他是某集团子公司A的财务高管，最近因为所在区域门店持续亏损，集团提出"降本增效"，要求财务严格把控支出。

业绩下滑，都在查漏补缺，这本来是常规操作。然而，所谓的"降本增效"很多时候被搞成了内部互啄：经营分析会，永远是市场部和营运部在吵架，财务部因为要直接对"降本增效"的数据负责，被莫名其妙地推到了"内部判官"的角色上。

大家有意无意地都在努力把别人推出来当替罪羊，以确保自己的利益。

比如，市场部根据调研提出7折促销，营运部（门店）不想承担费用，怕被市场部坑，就要求让财务部测算一下能带来多少收益。财务心想：这是我能测算出来的吗？多批多错，少批少错，不批我头功一件啊！结果就是不管什么策划，花钱的一律卡。

哪怕你是常规的新店开业促销，照样要从"为什么在这里选址？""为什么折扣这么低？"一路质询到"只有打折才可以吸引客户吗？"。有这个内耗的时间，反应快的对手都在对门搞三场活动了。结果当然是门店竞争力下降，公司营收一天不如一天。

为了解决这个问题，他找到了我。针对公司的情况，我从通过降本增效来变现的角度，为其梳理了几个解决招数。

招数一：建立跨部门合作机制。

步骤1. 成立专项工作小组，即由财务、市场、营运等相关部门抽调核心人员组成"降本增效"工作小组；

步骤2. 每周或每两周组织一次跨部门会议，会议内容包括各部门汇报工作进展、分享市场动态和成本数据、共同探讨面临的问题及解决方案；

步骤3. 为工作小组设定明确的量化目标，如在一定时间内实现成本降低一定比例或营收增长一定幅度。

招数二：精准成本分析与预算管控。

步骤1. 全面成本核算，为后续的分析和决策提供可靠依据；

步骤2. 根据公司的经营目标和市场预测，制订年度预算计划，并将其分解到各个部门和项目；

步骤3. 建立成本监控系统，实时跟踪成本支出情况。

招数三：优化促销决策流程。

步骤1. 由财务、市场和营运部门共同制定一套科学的促销评估模型，综合考虑促销活动对销售额、利润、市场份额、客户满意度等方面的影响；

步骤2. 市场部在提出促销方案前，须按照评估模型进行详细的分析和预测，并填写促销申请表，明确促销目的、方式、时间、预算以及预期效果等内容；

步骤3. 促销活动结束后，及时对活动效果进行评估，对比实际结果与预期目标的差异。

招数四：加强员工培训与文化建设。

步骤1.组织全体员工参加"降本增效"主题培训，培训内容包括成本意识培养、节约技巧分享、跨部门沟通协作等方面；

步骤2.定期举办创新研讨会或创意征集活动，鼓励员工提出关于降本增效的新思路和新方法；

步骤3.将"降本增效"理念融入企业文化建设中，通过内部宣传渠道（如公司网站、宣传栏、内部邮件等）广泛传播降本增效的成功案例和先进事迹。

在实施过程中，这个方案得到了公司高层的大力支持和各部门的积极配合，并取得了良好的效果。该子公司因此摆脱了"降本增效"困境，实现内部协同优化，提升了成本竞争力，改善了整体营收。

案例2："砍"出来的高利润

李总是一家中型企业的老板，他意识到公司的成本过高，利润率下降，决定引入降本增效的概念来改善情况。他召集了公司的管理人员，包括销售、采购、生产和财务部门的负责人，向他们详细阐述了降本增效的重要性和潜在益处。会议结束后，大家开始思考如何实施降本增效。

老王是财务部门的经理，他将降本增效仅仅理解为简单地削减开支。他急于在各个方面削减成本，不经过充分的分析和评估，采取了极端的措施。他立即开始削减员工福利待遇，包括减少奖金和福利补贴，导致员工的士气低落和团队合作的破裂。他还取消了公司的培训计划和市场营销活动，以及削减了研发和创新方面的投入。

这些决策带来了严重的后果。员工感到不满，大量的优秀人才开始离职，影响了公司的运作和竞争力。市场份额逐渐下降，销售额大幅减少。由于缺乏创新和研发投入，公司无法跟上市场的变化和需求，逐渐失去了竞争优势。

为解燃眉之急，李总希望我能给出一些好点子。我的观点很明确："降本增效"，不等于削减成本，但是，要通过降本增效来变现，必须会"砍"。具体怎么砍，我给出了如下思路。

招数一：砍掉"无效工作"和"低效流程"。

经过分析，我发现该公司存在大量无效工作和低效流程，这些"隐性成本"却被管理者忽视了，这一点有些不可思议。砍掉它们的关键，在于做好精益管理中的"价值流"分析。精益管理的核心思想是最大限度地减少浪费，提升价值创造效率。其七大浪费（过量生产、等待、搬运、加工过度、库存、动作、缺陷）是成本优化的重要切入点。这些浪费往往隐藏在看似正常的运营流程中，需要仔细分析和识别。于是，我对公司做了价值流图绘制与分析，以此来清晰地展现整个业务流程，识别出价值活动和非价值活动。通过分析非价值活动，帮助公司找到了改进的空间，例如精减流程、优化布局、改进工具等，从而消除浪费，提高效率。

招数二：砍掉"冗余资源"和"低效资产"。企业资源的配置和使用效率至关重要。有些资源虽然存在，但却处于闲置或低效状态，这些"沉睡的成本"同样需要被"砍掉"。为此，企业需要根据自身的战略目标和市场需求，对资源进行合理的配置，并定期评估资源的利用效率。通过分析该公司的资产负债表，我发现公司有不少闲置的资产和低效的投资。在分析存货周转率时，我注意到：公司存货的周转速度较低，这表明存在过多的库存。于是，帮助其进一步分析原因并采取对应措施。

招数三：砍掉"信息孤岛"和"低效沟通"。为了通过有效的沟通和信息共享来提高决策效率，减少误解和冲突，我建议该企业建立信息共享平台，或是深度优化沟通流程，例如制定清晰的沟通规范，减少冗余的沟通环节。要知道，信息不对称和沟通不畅会导致资源浪费和决策失误。消除"信息孤岛"和优化沟通效率，也是成本优化的重要方面。在这方面，麦肯锡咨询公司就是一个典型的例子，它以其高效的沟通和信息共享著称，其通过清晰的报告、简短的会议等方式，减少不必要的沟通成本，提高效率。

招数四：砍掉"低效管理"和"重复建设"。组织行为学、管理学都认为，精简组织结构、优化管理流程、提高员工积极性等是成本优化的重要途径。比如，GE 公司运用六西格玛管理方法，不断改进流程，提高质量，降低成本。六西格玛强调通过数据分析和过程改进，消除浪费，提高效率。

为了避免低效管理和"重复建设"，我建议企业进行流程再造、精简组织架构、加强内部控制等。流程再造可以彻底改革企业流程，提高效率。精简组织架构可以减少管理层级，提高决策效率。加强内部控制可以避免重复建设和资源浪费。

在正确运用了上述四招后，该公司有效降低了运营成本，提高了利润率，并在保持市场份额的同时提升了盈利能力。

40. 内部创业变现

企业如同一个庞大的生态系统，内部创业就是在这个系统中培育新的生命种子。当这些种子在适宜的环境中生根发芽、茁壮成长，便有可能带来惊人的回报。正因如此，所以我才说，内部创业变现，是管理智慧与商业勇气的完美融合。

——王冲

案例1：内部创业让业绩飙升30%

内部创业是指员工在现有公司内部，利用公司资源，启动和发展新的业务或项目。成功的内部创业项目最终需要变现。

胡总在近两三年开始从事代理和销售仿真花，成立了自己的工厂，专注于仿真植物及花卉的外贸生产出口。然而，经营模式一直局限于店铺、展会、网络接单等传统方式，销售额在这几年里一直停滞不前。团队人才招募困难，执行力和凝聚力低下，员工工作积极性不高、消极怠工，胡总为此忧心忡忡。他虽有心改变现状，却在究竟是从外部突破还是从内部优化上犹豫不决。

带着这些困惑，胡总走进了我的课堂。经过一段时间的学习，他运用了以下几招，使公司业绩接连创造奇迹。

招数一：期权分红。

步骤1. 收取优秀员工和高管的员工闲置资金；

步骤2. 让出公司10%的股份设定业绩目标，到年底如果目标达成，超出目标的部分按一定比例给员工分红；

步骤3. 到年底如果达不到目标，按保底8%返还给员工。

招数二：进入和退出规则。

规则1. 一年时间到期后可以退出；

规则2. 可以继续投入；

规则3. 不可以中途投资；

规则4. 不可以中途退出。

招数三：空间。

步骤1. 缩减国内市场；

步骤2. 侧重国外市场，出口量占公司生产额的75%。

虽然胡总仅仅用了这几招，却让他的工厂业绩实现了每年高达30%的增长。凭借内部合伙人机制，成功收款8000多万元，同时极大地提升了团队的凝聚力和主人翁意识。如今，哪怕是一片叶子落地，员工都会主动去捡起来，自发地为工厂节约成本。员工凝聚力大幅提升，与员工真正成为利益共同体，构建起一个完善的经营系统，大家都能够凭借自身的努力获取应得的利润。

在内部团队优化之后，通过对主营市场的精心布局与合理调整，使得这家本来业绩平平的公司迎来了峰回路转的局面，创下了业绩连续增长30%的佳绩。

案例2：人才制胜、内部合伙才能赢天下

李总是我的一位学员，他经营着一个名不见经传的小品牌，专注于大健康领域的膏药产品。在竞争激烈的市场中，其既没有强大的品牌背景，也没有雄厚的资金支持。就是这样一个小品牌，却用我的一套独特的内部创业变现方法，实现了业绩的飞速增长。

这套内部创业变现方法可以充分赋能团队，将个人力量转化为品牌合力。以下是其核心变现招数。

招数一：产品创新与优化招数。

步骤1. 组建专业的市场调研团队，收集目标客户群体对于膏药产品的需求、痛点以及使用反馈；

步骤2. 联合公司内部的技术人员和外部专家，成立专门的膏药研发小组；

步骤3. 在小范围内对新研发的膏药产品进行试用测试，收集用户的直接反馈。

招数二：营销策略创新招数。

步骤1. 设立内部创业项目，鼓励员工提出创新的想法和项目方案；

步骤2. 制订全面的员工培训与发展计划，定期为员工提供专业技能培训、市场营销培训、管理培训等；

步骤3. 组织团队建设活动，增强员工之间的沟通与合作，提高团队的凝聚力和战斗力。

招数三：渠道拓展与合作招数。

步骤1. 加强与电商平台的合作，开设官方旗舰店，优化店铺页面设计和产品展示；

步骤2. 与药店、诊所、康复中心等线下渠道建立紧密的合作关系，加强产品的铺货和推广；

步骤3. 寻找与大健康领域相关的企业或机构进行异业合作，如健身俱乐部、美容院、养老院等。

招数四：团队激励与赋能招数。

步骤1. 设立内部创业项目，鼓励员工提出创新的想法和项目方案；

步骤2. 制订全面的员工培训与发展计划，定期为员工提供专业技能培训、市场营销培训、管理培训等；

步骤3. 组织团队建设活动，增强员工之间的沟通与合作，提高团队的凝聚力和战斗力。

这个时代是"大众创业、万众创新"的时代，很多人才、很多资源、很多力量都是碎片化的，如果能通过内部创业模式将这些人才和资源整合起来，就能快速实现裂变式盈利。我一直强调："单打独斗已成历史，这是一个人才制胜、合伙赢天下的时代。你能整合多少人才和资源为我所用，你就能成就多大的事业。"

营销篇

41. 渠道变现

得渠道者得天下，渠道被认为是企业最后的筹码。渠道不仅是产品流动的通路，更是一种营销策略。

——王冲

案例1：让渠道商成为你的人

渠道是什么？渠道通常指的是产品或服务从生产者到最终消费者之间所经过的各个环节或路径。比如，厂商将产品100元卖给渠道商，渠道商加50元卖给零售商，零售商又加50元卖给用户。如果厂商与用户不存在100%的直接互动，那么，渠道商一定存在。

来自山东邹城的李邈是做白酒生意的，在山东有大大小小上千家酒厂，竞争非常大。山东的白酒市场基本上价格倒挂，而这两年还出现了一个很典型的特征，那就是一些名酒在邹城市场做渠道、做下沉十分坚决。

这些名酒企业都把很大的精力放到了渠道下沉和核心终端的工作上，主要表现方式就是在渠道建设上的投入提高15%至30%，渠道商自然会追求更大利润，这就意味着更多依赖渠道商的本地中小型酒企会被渠道商慢慢"抛弃"。

李邈第一次见我时，可谓是愁容满面，因为他没有渠道，作为当地小酒厂依靠的就是渠道商。但是，在名酒企业给出的利润面前，渠道商就算体谅本地酒厂不易，也还是在商言商。

我与他深聊许久，根据他的实际情况，建议他通过合伙人模式，将渠道商变成自己的合伙人。具体步骤是：合作意向的初步确立，品牌商与渠道商的双向选择；实地考察与评估，双方将对合作事宜进行深入交流；签订合作协议，确保合作关系的稳定性和合法性；股权激励措施的实施，激发渠道商的进取心和积极性；持续的支持，资源共享与合作，实现了双方的共赢发展。

通过合伙人模式改变厂商与渠道商之间的关系，尤其是通过股权激励方案，设定业绩目标与股权挂钩，和渠道商从一种松散的业务合作关系，变成一种紧密的合伙关系，上下游成为"拴在一根绳上的蚂蚱"。这样一来，当渠道商成为合伙人，那就是有钱大家一起赚，风险大家一起担。

很多人可能会有疑问，与其将渠道商变成合伙人，为什么不自己开拓渠道？

俗话说"隔行如隔山"，对于李邈来说，开发渠道比将渠道商转化为合伙人更难。并且，在投入更大的财力、物力、精力之后未必能够成功。正所谓"让专业的人去做专业的事"，如果我们是厂商、品牌商，那就要精益求精地做产品，做渠道还是要交给渠道商；如果我们没有雄厚的资本去收购渠道商，那就把渠道商变成自己的合伙人。

案例2：发现新渠道、抢占新渠道、掌握新渠道

我们很多企业老总会遇到同样的问题，那就是渠道在哪儿？各行各业竞争加剧，一开始依赖渠道商的品牌商想要建立自己的渠道，却发现放眼望去都是他人的"山头"。

谁都知道渠道的重要性，那作为品牌商如何做到发现新渠道、抢占新渠道、掌握新渠道呢？这里我讲一个案例，开拓一下思维。

中国移动通信集团是超级大企业，不用担心渠道的问题，可中国移动通信集团泊头营业部在成立之初，面临的却是严峻的 KPI 绩效考核。

我们知道每一个地级市、县级市的移动营业部都不止一家，仙降镇也

不只有中国移动。中国移动仙降营业部成立于2019年，这就意味着在它成立之初，仙降地区的渠道已经被瓜分得所剩无几了。

如何让营业部能够完成业绩？这是让仙降营业部负责人最头疼的事儿。但是，营业部的负责人并没有被困在固有思维中，而是在分析了仙降镇的实际情况之后，"盯"上了仙降地区规模较大的瑞佳鞋业。

瑞佳鞋业有员工近千人，仙降营业部的负责人发现，瑞佳的员工对移动通信服务有潜在需求，因此将其视为新的营销渠道。于是，仙降营业部以"夏日送清凉"为主题，开展了一场别开生面的现场进驻活动。此次活动旨在通过精准定位目标客群，利用瑞佳鞋业庞大的员工基数和厂区独特的地理位置优势，进一步拓展移动业务市场，提升品牌影响力。

为了确保活动效果最大化，营销团队特意选择了中午和晚上下班这两个员工流动量最大的时间段进行。营销人员还巧妙地设置了互动环节，通过趣味游戏、抽奖等方式吸引员工参与，现场气氛热烈而欢快。在开卡过程中，营销人员不仅专业、高效地为客户办理业务，还积极向客户介绍移动公司的最新产品和服务，特别是抖音业务等热门应用，引导客户进行现场体验。

此次活动不仅提升了中国移动仙降营业部的品牌知名度，还成功吸引了大量新客户，为营业部带来了新的业务增长点。并且，这些移动客户也将成为仙降营业部的老客户，瑞佳鞋业也就成了仙降营业部的新"山头"。

仙降营业部采取一招"先"吃遍天的做法，首先是用创造性思维看问题；其次是谨记创新的六字箴言——对立、颠覆、否定；最后是建立渠道三步走，即发现、抢占、掌握。这就是发现新渠道、抢占新渠道、掌握新渠道的做法。当我们做到这一点，再通过充分利用新渠道、积极开拓新市场和不断创新营销方式，企业才可以在竞争激烈的市场中立于不败之地。

42. 配销变现

变现的路万千条，直接变现走不通，那就走配销变现。随着电商和物流行业的迅猛发展，配销行业迎来了前所未有的发展机遇。

——王冲

案例1：强强联合，做顶端配销变现

2023年9月，瑞幸咖啡和茅台酒合作推出了一款酱香拿铁，一上市就火了，成了大家热议的焦点，销量也创了新高。这次合作不仅吸引了好多年轻人，还让两个品牌的粉丝互相"跳槽"了。

瑞幸咖啡和茅台的合作是这次营销活动的亮点。茅台是那种大家都认识的高端白酒品牌，而瑞幸咖啡给人的感觉是年轻、时尚。两个品牌这么一合作，正好互补了，触及了更多消费者。

这款酱香拿铁是两品牌深度合作的成果，把茅台的酱香味道和瑞幸咖啡的口感结合起来，给消费者带来了全新的味道体验。这种创新满足了大家对新鲜、高品质产品的需求，也让产品更有价值和竞争力了。

为了让更多人知道这款产品，瑞幸咖啡和茅台用了各种推广手段。线上平台到处宣传，线下门店还搞试喝活动，社交媒体上也到处是口碑传播，吸引大家来购买。

酱香拿铁还搞了个限量发售，这样就让产品显得更稀罕，让人觉得不快点买就买不到了。这种"饥饿营销"让大家都想赶紧抢购。

这款拿铁一上市就成了爆款，销量比瑞幸咖啡其他产品都高。这不仅给瑞幸咖啡带来了不少收入，也让品牌更出名了。

通过和茅台的合作，瑞幸咖啡成功地把品牌形象和高端、品质这些词联系起来了。茅台也通过瑞幸咖啡的年轻消费者，扩大了自己的市场和品牌影响力。

配销变现首先要选择实力相当或实力远超自己的品牌商达成合作；其次产品要具有特色，并能充分利用合作双方品牌产品的优势。除此之外，合作双方不仅产品配销，更要彼此配合共享渠道，最终达到双赢。

这款酱香拿铁不仅消费者喜欢，行业内外也给予很多好评和赞赏。这次合作成了跨界合作和品牌营销的一个经典案例。

总的来说，瑞幸咖啡和茅台的合作是配销变现的一个成功例子。它们通过跨界合作、产品创新、多渠道推广和限量发售等手段，让产品大卖，品牌影响力也上去了。

案例2：产品同质化严重，配销才是出路

不少企业家或许常感叹传统行业之路日益艰难，尤其是在互联网浪潮冲击下，生存空间似乎更加逼仄。然而，这样的困境是行业的普遍现象吗？答案或许是否定的！

我的一位学员周志远，在遇到我之前，他一直深耕于电子产品售后维修市场，特别是聚焦于笔记本这一细分领域。在以前，他的经营模式简单直接，即招募代理商，提供原材料，交易模式纯粹为"一手交钱，一手交货"，利润来源单一，仅依靠层级代理折扣差异赚取差价，年营业额却始终难以突破。

转机出现在2019年，我在马来西亚开课，周志远想要开拓海外市场，就被朋友推荐到我这里来上课。这次学习之旅为他打开了新世界的大门。回国后不到半年，周志远特意到上海来找我，与我进行了深入交流。

其实，周志远的企业虽然已经拥有稳固的一些门店代理基础，但核心

问题在于产品滞销,且受限于同质化竞争,难以实现利润最大化与业务模式的多元化。

于是,我向他抛出三个问题:第一个问题是如何加速门店销售流转?第二个问题是如何在加快销售的同时,进一步提升自身盈利能力?第三个问题是如何构建一种双赢模式?

周志远对这三个问题一开始并不理解,但是经过我对他阐述了流量、利润、合伙人机制三大商业模式设计核心之后,他就有一种醍醐灌顶的感觉。而接下来我所告知他的招数,更是让他受益匪浅。

招数一:配销。

步骤1.选择与电子产品可以配销的产品进行捆绑;

步骤2.一次性配货达到某一金额会享有不同的优惠政策;

步骤3.能够成为合伙人的门店将有机会获得更具价值的回馈。

招数二:产品链延伸。

步骤1.利用配销激活前端流量之后,不再局限于现有产品;

步骤2.将常规产品的利润直接让利给门店,让门店能直接看到好处;

步骤3.独家代理一款与笔记本相关的产品,丰富产品、开拓产品新板块;

步骤4.通过将新产品让利给门店,激发门店销售积极性,从而提升整体销售量。

在我这里"取经"之后,周志远回去不久就给我发来了他的配销思路:首先,他做出了配销方案,与电器、旅游等项目结合,给出门店令人心动的配销方案;其次,在配销方案推出之后,迅速推进门店销售,并且得到了非常显著的效果;2020年,仅一家门店3天就突破100单,实现了超过20%的增长率;最后,评估选择更合适的门店发展成为公司的合伙人,用以打通合伙人渠道,实现合作共赢。

周志远最终通过实施这些变革,不仅有效解决了产品滞销问题,还极大地丰富了企业的盈利模式，实现了意想不到的业绩增长。这一转变，正是对传统行业创新求变、转型升级生动实践的最好诠释。

43. 会员变现

聪明的老板不会只想赚差价，而是让会员变现。通过会员制度，让用户享受更多优惠、特权、服务等，并定期更新会员内容和活动，增加用户续费率和复购率。

——王冲

案例：酒店会员卡，才是酒店赚钱的根本

张林，作为一位长期深耕于大学城附近快捷酒店行业的老板，他的酒店曾凭借着优越的地理位置——紧邻多所知名高校，以及舒适便捷的服务，赢得了学生们的喜爱，生意一度红火。然而，随着周边区域经济的快速发展，同类型酒店如雨后春笋般涌现，市场竞争变得空前激烈。昔日宾客盈门的景象不再，取而代之的是日益增长的房间空置率，这让张林倍感压力，迫切寻找破局之道。

正是在这样的背景下，张林带着对未来发展的深切期许，报名了我的课程。在听过我的大课之后，他主动联系我，希望我能针对他的酒店发展现状给予一些建议，或者是为此时处于迷茫的他指明一个方向。

看到诚恳又虚心的张林，我给他上了"小课"，为他指明了酒店发展方向。张林对商业的敏感度很高，对我所提出的每一个问题都能迅速给出很好的反应。

正因如此，张林在结束我的"小课"之后，将我所讲的招数巧妙地应

用于自家酒店的经营管理中，成功实施了一系列创新策略，让一个拥有270间客房的快捷酒店实现了从困境到繁荣的华丽转身。

实际上，我给他讲的招数就是以会员变现为核心延展开。

招数一：办理会员卡。

步骤1. 酒店将会员卡分为两个等级，一个是价值199元的银卡，另一个是价值399元的金卡；

步骤2. 不管用银卡还是金卡都能享受免押金入住、延迟退房、免费早餐、免费自助洗衣等服务；

步骤3. 只要办理会员卡就能免费领取印有酒店LOGO的小礼品以及入住当天的水果拼盘。

招数二：降价"引流"。

步骤1. 银卡会员入住酒店享受8折优惠，金卡会员入住酒店享受6折优惠；

步骤2. 当地酒店普通双人间的平均价格300元，入住张林的酒店，银卡会员的价格是240元，金卡会员的价格是180元；

步骤3. 对于会员，除了享有入住酒店的折扣优惠之外，老会员推荐新会员，根据新会员办理不同会员卡，老会员可领取价值不等的代金券；

步骤4. 酒店人流爆满，大多数时间都是满房状态，并且75%的会员都选择金卡会员。

招数三：收入链延伸。

步骤1. 在酒店大堂，每一层都放置自动贩卖机，客户购买之后，酒店就会赚取相应的佣金；

步骤2. 与酒店周边的商户合作，扫码关注可以领取优惠券，到商家消费时直接核销，而酒店也会得到相应的返利。

招数四：系统盈利。

步骤1. 张林的酒店不再能够满足客流量时，他开始整合周边酒店；

步骤2. 说服周边酒店与自己的酒店成立连锁，带动周边同业的共同发展；

步骤3. 最终的结果是，在张林酒店办理会员卡的客户，可以选择周围任意酒店入住，既解决了张林的酒店客房不足的问题，也大大提升了周边酒店的入住率，实现了多赢局面。

张林第一次来上我的课，也只是抱着试试的心态，对于商业模式完全不定的他，就是觉得"学一点总比一点都不学强"。但是，现在的他已经将会员变现这一招运用得十分熟练。如果你看完张林的逆袭，是不是也有所感触？

44. IP变现

IP才是真王道，打造能变现的IP，收获财富与信任。在这个内容为王、IP至上的时代，掌握IP运营的奥秘，就意味着掌握了开启财富之门的钥匙。

——王冲

案例：俘获Z世代的泡泡玛特，越贵卖得越好

讲到IP变现，就必须说一说俘获Z世代消费群体的泡泡玛特，动辄百元起的盲盒产品，被大批小中青年消费者青睐。

泡泡玛特是一家专注于知识产权（IP）孵化与运营的公司，其独特的IP变现模式在业界引起了广泛的关注。该公司通过深入挖掘IP的核心价值，开发多样化的衍生产品，并不断创新玩法，成功地将IP价值最大化。泡泡玛特的商业模式不仅在行业内备受瞩目，也为其他公司提供了宝贵的

借鉴经验。

在 2024 年上半年，泡泡玛特取得了显著的业绩。公司整体营收达到了 45.58 亿元，同比增长了 62%。这一成绩充分展示了泡泡玛特在 IP 运营方面的强大实力。更令人瞩目的是，泡泡玛特旗下有 7 个 IP 在半年内实现了超过亿元的营收，显示出其 IP 的强劲市场表现。其中，自主产品的收入占比高达 96.2%，进一步证明了泡泡玛特在 IP 运营方面的成功。

在众多 IP 中，经典 IP MOLLY 和 THEMONSTERS 的表现尤为突出。MOLLY 在上半年实现了 7.8 亿元的营收，同比大幅增长了 90.1%。而 THEMONSTERS 更是取得了 6.3 亿元的营收，同比增长高达 292.2%。这两个 IP 的强劲表现，充分证明了泡泡玛特在 IP 运营方面的卓越能力。

除了国内市场，泡泡玛特在海外市场也取得了显著的成绩。通过积极开拓海外市场并实施本地化运营策略，泡泡玛特在 2024 年上半年实现了 13.5 亿元的营收，同比增长了 259.6%。这一成绩使得海外市场收入占比接近 30%，进一步巩固了泡泡玛特在全球市场的地位。

总体而言，泡泡玛特在 2024 年上半年的业绩表现令人瞩目。公司通过深挖 IP 内核、开发多元产品模式和创新玩法，成功实现了 IP 价值的最大化。无论是国内市场，还是海外市场，泡泡玛特都取得了显著的成绩，进一步巩固了其在 IP 运营领域的领先地位。

招数：利用 IP 拓宽板块。

步骤 1. 通过销售 IP 衍生产品（如手办、毛绒玩具、MEGA 等）实现直接收益；

步骤 2. 与多个品牌进行联名合作，推出限定款产品，扩大品牌影响力；

步骤 3. 积极拓展海外市场，通过本地化运营提升海外营收。

IP 运营领域无疑是一片蓝海。它不仅门槛相对较低，更重要的是，成功的 IP 运营项目往往具有极高的增长潜力和盈利能力。IP 运营赚钱的三大核心策略我们一定要掌握。

策略一是内容为王，持续输出高质量内容。爆款推文之所以能成为爆款，首要原因是其内容的独特性和吸引力。IP 运营同样如此，需围绕核心 IP，持续产出高质量、有共鸣的内容，增强粉丝黏性，为后续变现打下坚实基础。

策略二是多元化变现渠道。一是版权授权。将 IP 授权给影视、游戏、周边商品等领域，通过版权费实现直接收入。二是广告植入。在内容中巧妙融入品牌广告，获取广告收益。三是电商带货。利用 IP 影响力开设线上店铺，销售联名商品或定制产品。四是会员服务。为忠实粉丝提供专属内容、周边商品折扣等会员特权，增加用户黏性。

策略三是社群经济与粉丝经济。构建强大的粉丝社群，通过社群运营增强用户参与感与归属感，进而促进消费决策。利用粉丝经济开展众筹、预售等创新营销方式，加速变现进程。

45. 切割变现

切割是为了更好地组合与应用，切要切得准，割要割得彻底，否则，也就失去了切割的意义。

——王冲

案例：硬技术也要有好营销

郑柯是中医学出身，是一位在中医针灸领域深耕二十余载的资深老中医，曾以精湛的技艺在公立医院赢得了无数患者的信赖与好评。然而，怀揣着对更高层次服务质量的追求和对家庭照顾的愿望，他在北京市昌平区天通苑社区附近开办了一家中医诊所。刚开始时，诊所生意还算红火，但是近两年，周围突然之间就出现了大大小小好几家中医诊所。

面对日益冷清的门面和每况愈下的营业额，郑柯感到非常焦虑。转机出现在一个偶然的机会里，郑柯在朋友圈浏览时，偶然间看到了我的一位学员发的市场营销与品牌塑造的课程宣传，于是他也跟着报名了。

课下，郑柯对我坦白，他在中医领域游刃有余，在技术上丝毫不用担心，可是，现在的问题是他吸引不了客户，再硬的中医技术都好比"巧妇难为无米之炊"中的"巧妇"。针对他的这种情况，我从市场分析到客户定位，从品牌建设到营销策略都给他进行了彻底的讲解，每一个细节都力求精通；并且针对他所在社区的特点，以及他的诊所实际情况给出一些建议。

招数一：切割用户。

步骤1. 对自己诊所的客户群重新区分；

步骤2. 从无差别服务到主要做中老年针灸、中医养生；

步骤3. 中年和老年服务分开，中年更注重疗程，老年更注重频次。

招数二：免费引流。

步骤1. 在社区里老年人聚集的地方，比如文化广场、口袋公园等做义诊；

步骤2. 时不时为中老年人发一些小且实用的礼品，礼品上面印着诊所广告；

步骤3. 设计一套针对中老年人的中医养生家庭必备手册，来诊所就诊直接免费送；

步骤4. 印一批老年人免费检测年卡，领卡随时来诊所免费把脉诊断。

招数三：上下游捆绑。

步骤1. 与中药厂商合作；

步骤2. 开展一些活动，比如制作艾草锤等，吸引中老年人参加。

135

招数四：好处裂变。

步骤 1. 在诊所消费超过 1000 元，赠送中医针灸卡、拔罐卡、刮痧卡等；

步骤 2. 不管是针灸卡、拔罐卡还是刮痧卡，可自用，也可分享给亲友使用；

步骤 3. 老客户推荐新客户进店产生消费，返利现金给老客户。

通过上述一系列的招数，目前，郑柯的中医诊所不仅在天通苑有两家连锁店，更是在回龙观的一些小区也开了连锁诊所。

营销切割需要站在竞争的角度，清晰切割出自己产品（或服务）的独特人群、市场区域、渠道区隔、价格区隔、新品类别、认知差异和位阶高度等，在消费者心智中清晰划出消费者接受我们，同时又要规避对手正面竞争的立体空间，从而构建高效的成长路径。

营销切割一般有以下五种方法。一是认知切割。这是品牌切割的重要方法，将同质化的产品卖出不同，是营销本质。二是品类切割。将品牌定位在独特的细分市场中，避免与其他竞争对手直接竞争。三是人群切割。人群切割就是把消费者划分成不同的群体，并选出企业有利可图、有能力服务的那部分客户群体。四是市场切割。对复杂的市场进行切割，找到一个让消费者接受我们的区域，快速认同我们，规避与强大竞争对手的竞争，同时将竞争对手逼向一侧。五是渠道切割。最经典的渠道切割案例当数小米。小米进入手机市场时，并没有采用传统的层层代理的分销模式，而是通过互联网把手机直接销售给消费者。后来小米发展了线下代理的分销模式。

46. 合伙人变现

合伙人比商业模式更重要，创业最忌讳只有老板，没有合伙人，单打独斗。

——王冲

案例1：没资源、没盈利、没资金如何招合伙人

黄赫看准了一线城市的亲子类服务，于是开创了一家亲子服务的工作室，主要服务内容包括：亲子活动设计与执行（春秋游、夏令营、冬令营）、幼师活动及亲子游戏的培训、亲子师德讲座、研学活动规划等。他的想法很好，尤其是在一线、二线城市，越来越多的年轻宝妈、宝爸开始注重亲子关系的建立。

其实，黄赫的亲子服务工作室已经招揽了一些客户来参与工作室的一些活动。工作室的活动会向参与家庭收取一定费用，可即便如此，工作室开了几个月，一直处于亏钱状态。所以，他在网络上搜索一些关于商业模式的课程。在看过一些媒体对我的报道之后，黄赫毫不犹豫地报了我的课。黄赫觉得我在课上讲的"合伙人模式"特别吸引他，于是，课下他单独找我，希望我能够根据他所面临的切实困境给出更好的建议。

其实，他的工作室的根本困境是没有资源、没有盈利、没有资金。如何解决这些困难，我建议他招募城市合伙人。

招数一：办理会员。

步骤1. 工作室推出会员制，办理会员卡只要199元的押金，退卡时

会全额退；

步骤2. 在会员卡内充值不等金额享有不同折扣，比如充值500元享受9折优惠，充值1000元就能享受6折优惠；

步骤3. 老会员拉新，新会员办理会员卡并充值，直接返现100元给老会员。

招数二：招合伙人。

步骤1. 在线下门店、线上社群推出招募城市亲子合伙人计划；

步骤2. 对于具有拉新能力的会员，直接升级为合伙人，享受合伙人权益；

步骤3. 非会员且对城市亲子合伙人项目感兴趣，也只需交品牌保证金3999元，就能享受合伙人权益；

步骤4. 城市亲子合伙人与品牌方共同经营品牌，协议进行分红，并额外享受自身销售额的提成。

招数三：打造行业链。

步骤1. 打造更多吸引家庭参与的场景式内容，打造可快速复制亲子项目落地盈利系统的平台；

步骤2. 亲子轻资产，合作中游旅行社、培训机构渠道，帮扶下游全国城市亲子合伙人；

步骤3. 打造全面的产业链整合。

通过招募城市亲子合伙人，只用了不到一年的时间，黄赫就招募了127位合伙人，工作室也从之前的一直亏损到月均盈利60万元，最多的超过200多万元的收入。

案例2：肆拾玖坊从49位合伙人到10万合伙人

你知道合伙人的力量吗？

肆拾玖坊，这个名字背后蕴含着一个合伙人模式的传奇故事。它是由

49位志同道合的合伙人共同携手创立的，他们凭借着坚定的信念和卓越的智慧，仅用了短短6年的时间，就创造了一个令人瞩目的商业奇迹。这个品牌以超30亿元的销售额震撼了整个业界，其企业估值更是跃升至50亿元以上，彻底颠覆了传统白酒市场的格局。

肆拾玖坊不仅仅是一个白酒品牌，更是一种全新的生活方式和消费体验的代名词。目前，肆拾玖坊已经拥有超过1500家线下体验馆，这些体验馆遍布全国各地，为消费者提供了丰富的互动体验和深入了解品牌的机会。同时，肆拾玖坊的经销商网络覆盖了2500多个新零售渠道，这些渠道遍布各个角落，为消费者提供了便捷的购买途径。

肆拾玖坊的崛起不仅仅在于其商业模式的创新，更在于其强大的品牌凝聚力。数百万名忠诚会员会聚在这个品牌之下，他们不仅投资，还积极助力产品的推广。这些会员不仅是消费者，更是品牌的忠实拥护者和传播者。他们通过各种方式，将肆拾玖坊的品牌理念和产品优势传播给更多的人，共同书写了这段商业奇迹。

肆拾玖坊的崛起，不仅仅体现在销售额和企业估值上，更体现在它对传统白酒市场的颠覆和对消费者生活方式的改变上。它用6年的时间，证明了一个品牌的力量，证明了创新和团结的力量。肆拾玖坊的故事，将会成为未来商业教科书中的经典案例。

招数一：总部众筹，奠定基石。

步骤1. 由品牌创始人凭借雄厚的人脉和洞察力，直接选出49位志同道合的伙伴成为合伙人；

步骤2. 创始人与49位合伙人成功筹集近500万元启动资金；

步骤3. 这49位合伙人以原始股东身份，与公司共担风险、共享未来。

招数二：分公司裂变，拓宽渠道。

步骤1. 通过激励机制，促使一级股东裂变出108家分公司；

步骤2. 每一家分公司以众筹的方式吸引200名股东；

步骤 3. 通过 200 名股东，迅速筹集到 4.8 亿元资金，构建起庞大的销售网络解决资金问题，实现渠道迅速扩张。

招数三：门店社群联动，直达终端。

步骤 1. 解决销售与客户触达的最后一公里，分公司推动成立终端门店；

步骤 2. 采用 3 人一组共筑一店策略，迅速布局 6000 多家门店；

步骤 3. 每家门店发动 30 名合伙人，构建起覆盖 2000 万名潜在客户的庞大社群网络。

肆拾玖坊迅速崛起，避免了传统酒企的库存问题，并通过激励政策激发了合作伙伴的积极性，形成了一支高效的销售团队，其轻资产、高效率的运营模式在 6 年里取得了传统酒企数十年才能达到的成就。

47. 项目变现

卖产品不如卖项目。单纯地销售产品，难以满足客户深层次的需求。而项目销售则提供了一种更全面、更定制化的解决方案，它不仅仅关注产品本身，更关注产品背后的价值。

——王冲

案例1：农场主把瓜果蔬菜包装成项目

齐磊多年来深耕于蔬菜、水果及地方土特产的批发与零售行业，同时还精心运营着一家集种植与养殖于一体的农庄，算得上是一个"农场主"。在农庄内，小米与绿豆等杂粮禾苗茁壮生长，几座山上散养着纯正的土猪、土鸡、土鸭，果树区更是樱桃满枝、苹果飘香，一片生机勃勃的景象。然而，尽管农作物与果蔬长势喜人，收获颇丰，却时常面临销售瓶颈，产品滞销成了齐磊心头的一大难题，让他焦虑不已，不知该如何破局。

在一位朋友的推荐下，齐磊来上了我的课。在第一节课结束后，齐磊上台单独找我，他对我说的第一句话是："原来什么买卖都能做成项目，王老师，我就是一个卖瓜果蔬菜的，您看看，我这买卖该怎么做才能做成项目？"

实际上，齐磊还是在平时做出了一些努力的，比如他学人家直播销售农产品，可是不善言谈的他直播效果并不好，直播间破百的时候都少。直播卖货并没有带动产品销售，齐磊陷入了困惑。在听完我的课后，他意识到是自己的经营模式出现了问题，因此，按照我所说的，齐磊迅速调整经营模式。

招数一：把产品做成项目。

步骤 1. 利用线上社群、直播平台发"认领樱桃园"的广告；

步骤 2. 任何人只要投资 3 万元，就可以认领一亩樱桃园；

步骤 3. 樱桃园每年产出的樱桃可以自用也可以售卖，如果售卖，每年会返还你 1.8 万元；

步骤 4. 樱桃园的使用期限是 7 年，7 年之后全额退回 3 万元成本；

步骤 5. 一开始投资的 3 万元也是存在当地银行，所以，不用担心 3 万元成本资金的安全。

招数二：会员。

步骤 1. 只要交 3888 元就能成为农庄的会员；

步骤 2. 会员每月能够免费领取一箱土鸡蛋；

步骤 3. 会员每月能够免费领取一只养在山上的走地鸡；

步骤 4. 会员每周都可以免费领取当季果蔬包。

招数三：会员切割。

步骤 1. 推 5888 元一张的产品兑换卡，兑换卡能作为礼品卡出售；

步骤 2. 礼品卡是可以送人的，比如送给亲朋、合作伙伴等；

步骤 3. 使用礼品卡的人可以每个月免费获得土鸡蛋、走地鸡、有机蔬菜等大礼包。

通过上述策略的实施，齐磊的农庄逐渐摆脱了销售困境，从卖产品到卖项目，实现了产品的畅销与品牌的增值。他深刻体会到，转型升级不仅是应对市场挑战的必要手段，更是推动企业持续发展的不竭动力。

案例2：通过项目变现，一年做到5000万元现金流

来自河南安阳市的何伟经营着艾草种植基地，但艾草和其他的农产品不一样，艾草唯一的用途就是艾灸。何伟从长辈手里接过经营艾草种植基地的"接力棒"，本以为会很轻松，却在管理小半年后发现一切和他想的不一样。种植艾草也是很辛苦的，但又卖不上好价钱。别看城市里中医诊所熏一次艾灸就 298 元、398 元，可实际上，来镇上收艾草的商贩给出的价格是极低的，收成越好价格越低。

何伟也曾经想过自己要去安阳市里开一家艾灸店，但是，市里一套商业街的门面房光是租金就把他劝退了。如何将不能吃、不能喝，用处有限的艾草卖出去，至少能通过种植艾草赚到钱，成了何伟最想解决的问题。

刷手机时，何伟刷到了我讲"把卖产品变成卖项目"课程的一个短视频，他开始在网上找我的课程短视频，之后又与我的团队取得了联系，报了名。他在课上听得很认真，因为那节课，我所讲的主题就是"卖产品不如卖方案，卖方案不如卖项目"。

下课后，这位穿着朴素的年轻人单独找到我，上来第一句就是问我："王老师，我就是个种地的，种的是艾草，这玩意儿也能做成项目吗？"

我直接告诉他，如果是我经营着艾草种植基地，那么，我会用很简单的模式，让卖不出价格的艾草成为一个炙手可热的项目。

招数一：把产品变成项目。

步骤 1. 只要交 5 万元，就能领取一亩艾草种植基地；

步骤 2. 这个基地的使用权是 12 年；

步骤 3. 一亩艾草到了收割期，将艾草分为自用和销售两部分；

步骤 4. 你领取 50% 的自用，当然你用不了这么多，可以转送给朋友；

步骤 5. 销售的 50% 卖出的收益两个人五五分账；

步骤 6. 因为你交的 5 万元都存在了当地农业银行，所以，6 年后，会把你的 5 万元本金一分不差地返还给你。

如果一个人手头富裕的时候买了 10 亩，那他在 6 年之后拿到本金，等于免费享受了 12 年的产品。别忘了，每年艾草产品 50% 的销售部分还会分给他五成的收益，免费用 12 年产品，本金 6 年会返还，其间还能赚一笔收益。对于何伟来说，他好似拿到了 5 万元的租金，可最后发现这不是租金，而是押金，到时候要还给人家。那么，何伟赚钱了吗？难道何伟只能赚取那 50% 销售的一般收益？

招数二：赚钱。

步骤 1. 一亩地卖了 5 万元，实际上这亩地 70 年一共 2000 元，也就是说一年 300 元的地，被卖出 5 万元；

步骤 2. 收割期 50% 是用来销售，赚的钱大家对半分，这又是一笔钱；

步骤 3. 的确，5 万元不是租金而是押金，是要全额退还的，可是 5 万元放在银行的利息还是我的，当退还了 5 万元之后，6 年的利息作为本金，继续放在银行里产生利息。

作为种植基地的大老板，当用户手头的土地越多，种植基地的股份就越值钱。所以别老想着卖产品赚差价，咱们得抓住"卖项目"这个让大家赚钱的大好机会。大家都不喜欢让别人赚走差价，大家都喜欢自己能赚到更多的钱。

48. 招商变现

招商比销售更赚钱。不是做生意难，是做生意的逻辑变了，老板要有"大招商"思维。

——王冲

案例：招商分级别，都能赚到钱

有的企业招商是按照省、市、县、镇分，但也有企业招商分级别，是按照投资份额来分。

贺阳的公司是做保健品的，以营养型保健品为主，如维生素、蜂王浆等。一开始贺阳招商是按照地域进行招商，比如省级代理商、市级代理商、县级代理商，不同等级的代理商所缴纳的代理费也不一样。

但是，按照地域进行分级，最终出现了一些问题：一是市场反应速度慢：层级过多可能导致信息传递不畅或延误，市场变化、消费者需求或竞争对手的动态难以及时反映到上级代理商或总部，从而影响决策的时效性和准确性。二是渠道冲突增加：不同层级的代理商之间可能因利益分配不均、区域划分模糊或产品线重叠而产生冲突。例如，省级代理商可能担心市级代理商抢占其市场资源，县级代理商则可能受到上级代理商的压制，影响销售积极性和渠道稳定性。三是市场覆盖不均：某些地区可能由于经济、文化或地理等因素，市场需求较小或难以开发，而这些地区的代理商可能面临较大的经营压力，影响整个渠道体系的均衡发展。同时，市场潜力较大的地区也可能因代理商资源不足而得不到充分开发。

在这些问题的困扰下，贺阳很苦恼。他在此之前就是我的学员，所以，当他意识到地域分级的代理商模式不再适合时，就第一时间找到我。我给他简单地梳理了一下，然后提出一些新模式，供他参考。

招数一：门店级别。

步骤1. 门店级别只需要向上级代理商缴纳1万元任务定金，就可以开通门店资格；

步骤2. 产品的价格是全国统一，门店每销售一盒产品就由上级代理商返还生产订单定金20元（实际上就是在1万元的任务定金里直接取出返还给门店）；

步骤3. 一个门店推荐新门店，将会获得4800元的现金奖励，这个奖励由上级代理商直接给；

步骤4. 由门店推荐的新门店将长期享受"立减10元"的拿货价，进货价为240元。

招数二：总代级别。

步骤1. 总代就是门店的上级代理商；

步骤2. 向上级代理商缴纳10万元任务定金，就可以开通总代资格；

步骤3. 已获得门店资格，只要补交9万元任务定金，也可直接开通总代资格；

步骤4. 成为总代，再推荐新总代，可以直接获得38000元奖励；

步骤5. 总代也可以享受返还订单定金，并且进货价为220元。

招数三：分公司级别。

步骤1. 累计晋升制度，团队累计总代30人即可向公司提出书面申请，系统后台公司员工手动调整用户等级，产生分公司；

步骤2. 分公司与分公司之间享受团队卖货即刻获得5元每盒平级奖励；

步骤3. 分公司进货价为160元/盒。

通过新的代理商模式，可以完全规避按地域划分代理级别所带来的弊端，并且以"分店、总代、分公司"作为分级代理商，各自在渠道管理中发挥着不可替代的作用。分店能够深入市场，灵活应对市场变化；总代能够整合资源，扩大市场覆盖；分公司则能够独立运营，实现本地化运营。三者相互配合，共同推动品牌的发展和市场的拓展。

49. 押金变现

押金赚钱模式的暴利并非偶然，而是基于对用户需求的精准把握和市场规律的有效运用。

——王冲

案例1：每一个进入美容院的女人都是VIP

如何用押金赚钱，其实并不难，我的一位学员白依依开了一家美容院，在来听我的课之前，她的美容院只能算得上是勉强支撑。当时，她对我说的第一句话就是："王老师，我再没钱升级设备，就只能等着关门大吉了。"

而在说完这句话不到三个月后，白依依的美容院就成功收款389万元，直接解决了她之前所遇到设备更新的问题；更重要的是，她靠的是客户的押金赚了380万元。

情况是这样的：在我这里取经之后，白依依就设计出了一套新的方案。刚开始，美容院搞了个398元的押金活动，一出手就挺大气。客户交了押金，立马就能拿到一瓶同价的红酒，还能免费做四次价值400元的美容项目，相当于捡了大便宜，一共省了1800元。不仅如此，美容院还送了 6 张副卡，朋友拿着卡可以免费做一次价值 300 元的美容项目。如果朋友也参加了押金活动，那主卡还能再赚 100 元现金奖励。三个月后，押金原封不动退还给客户。这活动吸引力十足，美容院一下子收了不少钱，还拉来了大批潜在客户。

热乎劲还没过，美容院又推出了一个 3800 元的美容项目。如果客户不退 398 元的押金，可以直接抵扣 598 元。办了这个项目，客户还能免费享受一年价值 2 万元的百项调理服务，再送一个 3800 元的大礼包。介绍朋友也办这个项目，还能赚 400 元现金奖励。

招数一：免费经济。

步骤 1. 大规模宣传美容院的押金活动；

步骤 2. 消费者缴纳押金之后，获得同等价位红酒一瓶，并且享受四次美容项目；

步骤 3. 赠送每一位缴纳押金的消费者 6 张副卡，该卡可以转赠给亲朋好友；

步骤 4. 如果你的朋友拿着你转赠的副卡来体验美容项目，之后自己又交了押金，那么直接将 100 元打入你的主卡；

步骤 5. 三个月后，押金会原路返回到你的账户。

招数二："趁热打铁"。

步骤 1. 在 398 元活动的基础上，推出 3800 元的美容项目；

步骤 2. 如果 398 元不退，可以直接抵扣 598 元，补齐押金即可参加；

步骤 3. 3800 元的项目会直接赠送消费者价值 3800 元的大礼包，以及 2 万元的百项调理服务；

步骤 4. 如果你介绍朋友购买这个美容项目，直接给你返现 400 元。

白依依通过这两招直接让半死不活的美容院一下子火起来，客户消费热情更高了。

案例2："押金变现"模式短短几周收款50万元

我有一个学员叫吴东，是个90后，他自己开了一家摄影工作室。大家都知道，随着手机拍照功能越来越强大，摄影工作室的竞争越来越激烈，有时候跟你竞争最激烈的未必是你的同行。吴东不止一次报名我的课程，而且他很有想法，我只是在课上讲到了"押金变现""免费经济"，但是这些核心知识点到了他那里，就变成了一个又一个的好点子。

吴东听完课之后，精心策划了一个免费拍写真的活动，搞了个宣传海报，发动工作室员工通过微信疯狂转发，一下子就形成了一种刷屏效应。只要参与者转发并截图证明，就能到实体店领一份价值1299元的写真套餐，但得先交200元保证金，保证拍摄顺利进行，结束后保证金退还。虽然有点出乎意料，但大家都觉得挺合理，为避免浪费资源，大部分客户选择交保证金。

短短几周，这个小摄影工作室就收到了超过50万元的"预存金"。这都归功于他们精心设计的转发策略和互动指导，比如设定了最低转发人数门槛等。

但是，最关键的策略其实是"到店即商机"。俗话说"来了就是客"，对于消费者来说则是"来都来了"。一旦客户走进实体店，就有机会把他们从免费体验变成付费客户。看到实物展示，很多客户在享受完初步服务后，都会想升级体验，尤其是听说200元保证金能变成300元代金券，还能享受更多增值服务的时候。这其实就是消费心理学的"沉没成本效应"，一旦投入，人们就倾向于继续投入，避免损失，也就更容易做出升级消费的决定。事实证明，吴东的这个策略非常成功，不仅吸引了大量客户，还实现了从免费到高比例付费的转变。

另外，面对海量报名和有限的拍摄容量，工作室还巧妙设计了"快速通道"——交 300 元（包括原来的保证金和额外的 100 元）的客户就能优先预约，不用等三年有效期。这个设计不仅有效地管理了拍摄需求，还通过"分段支付"的方式降低了消费者的心理门槛，让他们觉得自己是在享受优惠，而不是全额支付额外费用，进一步提高了转化率。

其实，吴东靠的是"押金经济"。具体步骤是：策划免费拍写真活动，疯狂转发，形成刷屏效应；设置门槛，比如转发朋友圈截图能领取价值 1299 元的写真，需要交 200 元押金；到店即商机，当消费者进入线下实体店，吴东直接推出升级体验；之前交的 200 元保证金只需加 100 元，就变成了代金券；如果不愿意换成代金券，也可加 100 元速通费，拍摄写真无须等待，马上可预约。（这里需要注意，因为报名交押金的消费者很多，只需要和每一位消费者说，正常预约已经约到两年之后，很多人愿意加 100 元马上预约。)

吴东就是靠着这招"押金经济"，在短时间内解决了自己工作室资金短缺的大问题，并且，也通过这一方式，给自己积累了大量的客户，那些肯报名的消费者一般是有拍写真集想法的消费者。

50. 免费变现

免费模式是一种利他、吃亏、给予的商业模式，免费并不是不要钱，而是通过免费思维来作为入口，延长利润链条，赚取别人看不到的钱！

——王冲

案例1："免费接送"带动机票销量

坐飞机旅行对大家来说是非常熟悉的，尤其是对于我这样一个几乎随时都在空中飞的人来说，太了解整个流程了，一般都是下了飞机还要搭别的交通工具才能到达目的地。但在我国四川成都机场，一出航站楼就能看到一幅不一样的画面：上百辆黄色的休旅车整齐地排成一排，车身上写着"免费接送"，形成了一道独特的风景线。

想象一下，如果你打算去市区，按照一般的出租车费用，大概需要花150元。但现在，这些免费的休旅车给你提供了另一种选择，只要车里坐满了人，司机就会马上带你去市区，全程不用花一分钱。这样的诱惑，哪个旅客能抵挡得住呢？

不过，真的有免费的午餐吗？我们来看看一条2008年的新闻：四川航空公司和风行汽车达成了一项重要合作，一次性订购了150台风行菱智MPV。这个大动作背后，是四川航空想通过高品质商务车拓展服务边界，提升旅客的地面交通体验。

为了保证服务质量，四川航空在选车的时候设置了严格的标准，从车辆的可靠性、服务品质，到外观设计、动力性能、内饰配置、节能环保、操控性能和乘坐舒适性，每一个方面都要满足航空服务客户的高标准。这些精心挑选的MPV，就是为了支持他们"免费接送"的创新服务模式。

更让人惊讶的是，四川航空在提供折扣机票的同时，还大方地附加了这项免费接送服务。这个举措不仅大大提高了航空服务的吸引力，还给四川航空带来了惊人的经济效益，利润规模甚至达到了上亿元。

一定有很多人好奇：四川航空做什么了？四川航空提供给乘客的都是打折优惠、免费服务，它为什么能赚钱呢？还赚了这么多！其实，其秘密是采取了以下招数：精打细算的免费。

具体来说，原价一台14.8万元的休旅车，四川航空要求以9万元的价格购买150辆，但是可以给车子打广告；每一部车可以载7名乘客，以每天3趟计算，150辆车，一年超过200万的受众群体；以一台休旅车17.8万元的价钱出售给报名的准司机，承诺每载一个乘客，四川航空就会付给司机 25 元；推出购买五折票价以上机票，就可以享受市区接送活动，此举使四川航空的机票销量大增。

四川航空通过精打细算的免费，赚得盆满钵满，其中的奥秘就在于商业模式的创新。四川航空通过精准捕捉市场需求，巧妙整合资源，成功打造了一个双赢甚至多赢的局面：旅客享受到了前所未有的便捷和实惠，航空公司则借此提升了品牌价值，扩大了市场份额，实现了利润的大幅增长。这就是商业模式创新带来的无限可能和广阔前景。

案例2：空调免费送，厂家赚谁的钱

如果是传统制造商，是否能够采用免费变现的方式呢？这里给大家讲一个来自马来西亚的学员李锦鹏的商业实战。

李锦鹏的公司是一家创新型空调制造企业。在听完我的系列课程之后，李锦鹏推出了一个颠覆传统营销策略的大胆举措，就是免费赠送空调产品。

这条消息一开始听起来有点让人不敢相信，尤其是听说推广的人还能拿佣金，真是让人大吃一惊。但背后的商业逻辑真是高明得很。

这家公司的免费送空调并不是盲目地送，而是有针对性地瞄准了已经买车或者准备在合作的4S店买车的车主。只要车主在买车的时候去指定的4S店登记并授权保险信息，就能轻松把一台免费空调带回家。这个策略把空调赠送和买车行为，以及后续的保险服务巧妙地绑在一起，精准地抓住了客户，挖出了更大的价值。

关键是这些空调可不是普通的货色，而是升级版的智能空调。它们能监控用电量、自动诊断故障，还能和公司的数据中心连线，搞出一个庞大的智能家居生态系统。这个系统不仅让用户爽歪歪，还为公司打开了通往未来智能家居服务市场的大门。

通过送空调，公司一口气积累了大量中高端家庭用户，这些用户既是

消费市场的巨头，也是公司后续多元化服务的重要支柱。就像苹果手机靠 iOS 系统搞出了强大的生态体系，这家公司也靠空调平台连接了千家万户，为后续的盈利模式拓展打下了坚实的基础。

车主们免费得的空调没给他们添啥负担，因为保险费是每年都要交的固定开销。公司则通过保险佣金的稳定收入，轻轻松松覆盖了空调的成本，还在用户持续投保的过程中赚了个盆满钵满。更重要的是，中高端客户群体为公司带来了无尽的商业想象空间，不管是医疗健康、教育服务、汽车金融还是其他消费领域，都将是公司未来收入增长的重要动力。

所以，这家公司送的不仅仅是一台空调，而是一个赚钱机器。他们精准定位目标客户，通过创新的服务模式和智能化的产品技术，成功打造了一个可持续发展的商业模式，实现了从卖产品到提供服务的华丽蜕变。

招数：越免费越赚钱。

步骤 1. 选择赠送的用户不是随机选择，而是已经购买高档轿车的车主；

步骤 2. 空调不是简单的空调，而是具有多功能的升级版智能空调，能够与公司数据链接的空调；

步骤 3. 公司与一家汽车 4S 店达成合作，获赠空调的车主需要到指定 4S 店购买车险；

步骤 4. 以上都做到之后，这位开着高档车的车主及其家人就成为空调公司的高端客户；

步骤 5. 空调公司可以与医疗健康、教育服务、汽车金融等领域企业合作为高端客户提供更多服务；

步骤 6. 空调公司从来不收取高端客户的费用，但高端客户却给空调公司增收。

51. 裂变变现

裂变模式，商业模式设计中的超级倍增器。100个种子用户，找到正确的"支点"，通过裂变就有可能撬动几万、几十万，甚至上百万的用户。

——王冲

案例1：两张信用卡起步，年营业额500万元

在我这些年的从业经历中，总会有一些学员给我留下深刻印象，比如河南姑娘郑辉。郑辉家庭条件不好，为了减轻家里的负担，她早早就步入了社会。工作了两三年后，迎来了电商行业蓬勃兴起，她凭借敏锐的洞察力，毅然决然地利用两张信用卡作为启动资金，投身于电商面膜的创业浪潮中。从最初的孤军奋战，到拥有3家公司，年营业额稳定在500万元左右，她的坚韧与智慧令人钦佩。

大家知道，电商达到辉煌顶点时也会回落，随着事业的不断发展壮大，郑辉也面临着新的挑战：如何在前端稳固的基础上，进一步拓展后端业务？如何在目前的商业板块基础上，实现全国范围内的快速扩张？如何有效推动合伙人模式的裂变增长？这些问题如同迷雾般笼罩在郑辉的心头，让她深感困惑。

郑辉与我深入详谈了许久，她觉得这一次的详谈，不仅让她获得了宝贵的商业洞察力和策略，更能够将这些知识点转化为切实的方案，在她的公司进行推广。

招数一：合伙人。

步骤 1. 消费者充值 280 元，就可以成为会员；

步骤 2. 成为 VIP 之后，赠送两个学习名额，学习如何护肤等知识；

步骤 3. 除了赠送课程，还直接赠送中药面膜的两个疗程。

招数二：加大优惠力度。

步骤 1. 如果直接充值 2888 元，可以直接成为 VVIP；

步骤 2. 赠送价值 2888 元的护肤品一套；

步骤 3. 送马来西亚芭莎四天三夜游一位，机票吃住全部免费；

步骤 4. 全程入住当地国际五星级酒店。

招数三：企业平台化。

步骤 1. 把原来的电商公司，调整为美容技术培训平台；

步骤 2. 将培训平台作为引流入口，面向全国培训；

步骤 3. 每期课程保证 100 人参加，半年时间就裂变为近 10000 名合伙人。

这些策略不仅成功引爆了流量，让品牌知名度与市场份额显著提升，还成功延伸了后端业务链，开启了多元化发展的新路径。

案例2：一家小店一年多裂变出近700家连锁店

对于裂变营销，大家都不陌生，拼多多、瑞幸咖啡等知名企业都成功采取过裂变营销策略。然而，做强做大到像拼多多、瑞幸咖啡一样，则不仅仅是靠着裂变营销就能够实现的，还有资本的介入等影响因素。我们虽然可以以这样的知名企业为目标，但作为没有资金介入的企业，又该如何运用裂变模式做强做大呢？

我有一个学员，现在他开的水果连锁店在全国已经有近 700 家，但实际上他第一次找到我时，还是个被困在传统销售模式中，差点连店都开不下去的小店主。

有的人在面对困境时破罐子破摔，有的人面对困境时努力寻找突破口，李玉强就是后者。他课上听得认真，课下问得勤，结束一期课程之后，就真的动了脑筋，做出来一套适合自己水果店的裂变营销方案。

招数一：引流。

步骤1. 店里每天推出一款特价水果，价格极具吸引力，即使不赚钱也愿意出售，以此作为引流手段；

步骤2. 特价水果的消息通过小区微信群进行传播，吸引了大量居民的注意；

步骤3. 特价水果都是新鲜的时令水果，但不是无限供应，而是集中在每天某个时间段，如果上班的居民没时间可以通过微信群接龙。

招数二：社群互动。

步骤1. 建立了客户微信社群，店主在群里分享各种水果的奇特吃法，以及水果相关知识等内容，增加了与客户的互动和黏性；

步骤2. 客户可以在群里交流，形成了良好的社区氛围；

步骤3. 由于特价水果和社群互动的效果，客户对水果店的满意度提高，纷纷在朋友圈和微信群中分享自己的购物体验；

步骤4. 口碑传播带来了更多的新客户，形成了裂变效应。

招数三：办理会员。

步骤1. 充值办理会员，充值当日即可享受折扣，充值不同金额还有不同价值的大礼包；

步骤2. 会员除了享受平时折扣，到了节假日、会员日还有额外优惠活动；

步骤3. 老会员推荐新会员直接返现，以此来吸引更多的居民充值会员。

招数四：招募合伙人。

步骤1. 一家店越做越大，就开了第二家店，当第二家店开起来后，就直接通过线上、线下的方式招募合伙人；

步骤 2. 每一位合伙人就是一家连锁店，实现了公司裂变，从 1 家到 10 家再到 100 家的扩张；

步骤 3. 每家连锁店都按照公司营销模式、进货渠道等经营，用了一年多的时间裂变出近 700 家连锁店。

从李玉强水果店的裂变式发展中我们可以看出，通过巧妙的策略运用和持续的努力，即使是小型商家也能在激烈的市场竞争中脱颖而出，实现业务的快速增长。

52. 人性营销变现

真正的赚钱高手，无非就是摸透了人性而已。一切让你上瘾的行为，背后都隐藏着商家对你人性弱点的攻击。

——王冲

案例：你对宜家的好印象，应该是1元冰激凌

对于常去宜家家居的人而言，宜家有一个标志性产品几乎无人不晓，那就是设置在出口处，仅需 1 元即可享用的冰激凌甜筒。这款甜筒意外地成了宜家最畅销的"商品"之一，其风靡程度甚至超越了店内琳琅满目的精致家居商品。

有趣的是，当我们在麦当劳或肯德基购买相似产品时，价格往往飙升至 4 元一支，而宜家此举看似亏本销售，实则蕴含了深刻的营销策略。这背后隐藏的是对人性微妙之处的精准把握。

招数：峰终定律。

步骤1.冰激凌出售点设在了出口处，也就是消费者在结束购物才能吃得到；

步骤2.充分利用著名经济学定律"峰终定律"，即人们对某一经历的记忆，最为深刻之处往往集中在体验的高峰（"峰"）与结束时的感受（"终"）。

步骤3.价格便宜到每一位消费者都不愿错过，感觉吃了就是占了大便宜，错过就是吃了大亏。

步骤4.为消费者留下一个美好的念想，提升宜家购物美好体验，增加消费者的购物频次。

所以，大家有没有发现，自己实际上是被宜家"算计"了一把。

宜家巧妙地依据"峰终定律"来规划客户的购物旅程。其中，"峰"代表着客户在店内深入体验各类家居产品时的高潮时刻，那些令人眼前一亮、触感舒适或设计独到的家居成了难忘的记忆点。而"终"，则是那支仅售1元的冰激凌甜筒，它作为购物之旅的完美收尾，给客户留下了温馨而甜蜜的印象。试想，若没有这份甜蜜的小确幸作为结束，宜家的整体购物体验或许会大打折扣。

因此，尽管从表面上看，1元冰激凌甜筒可能让宜家承担了成本损失，但实际上，这一策略极大地提升了客户的整体满意度和忠诚度。它让客户在回顾宜家之行时，感受到的不仅是家居产品的优质与多样，更有那份温馨愉悦的收尾体验，这种正面情感的累积，其价值远远超过了冰激凌本身所花费的成本。

互联网篇

53. 订阅变现

订阅模式不仅注重建立长期的用户关系，还能够为用户提供持续的价值交付。用户只要支付订阅费用，就可以享受到产品或服务的持续更新、个性化定制、独家权益等特权，而企业则能获得可预测的收入流、增加用户黏性和忠诚度，并为用户提供更好的体验。

——王冲

案例1：订阅模式让用户消费体验更顺畅

现实中的人们每天都处于忙碌之中，如果在需要时想轻松获取喜欢的产品而无须付出太多努力，那就订阅吧。采用订阅模式，可以让人们不用研究新产品并亲自到商店购买，从而为用户提供了更顺畅的消费体验。

2023年爱奇艺之所以能盈利，一个重要的原因就是订阅服务。首先，爱奇艺建立了订阅计划，以周期性的费用收取方式向用户提供连续的产品或服务。客户可以循环方式付费获取产品或服务，可以自由选择每个优惠的时长和频率，多数订阅提供续订或随时取消的选项。如果用户同意在一段时间内支付产品或服务的费用，只要完成定期付款，爱奇艺就会履行该优惠。当合同到期时，客户可以选择续订或取消订阅。爱奇艺会员在2020年11月、2021年12月以及2022年12月三次提价，黄金VIP会员连续包月的价格从每月15元涨至每月19元、每月22元再到每月25元，历经多次提价，爱奇艺月度平均单会员收入有了明显提升。

其次，为了满足不同用户的需求，爱奇艺还设计了多种不同的订阅计划。为了提供更多的选择和灵活性，这些计划还根据价格、功能、服务级别或其他因素进行了区分。用户可以根据自己的偏好和需求选择适合的订阅计划，一旦用户开始订阅，就能享受到一系列的特权和权益，这可能包括获得产品或服务的最新版本或更新、独家内容或功能、个性化定制选项、专属折扣或优惠等。爱奇艺为用户提供了这些特殊权益，用户就可以保持订阅并获得更好的体验。

为了保持用户的满意度和忠诚度，爱奇艺通常会不断改进和优化产品或服务的质量和用户体验。它会收集用户的反馈和需求，并进行相应的改进和升级。这种持续的改进和升级，不仅提高了用户的满意度，还增加了他们继续订阅的动力。

案例2："音频+知识+付费"模式实现单日销售额1.96亿元

喜马拉雅是知识付费的早期推动者，而知识付费成就了它的飞速发展。

作为2017年爆红的产品，在知识付费的浪潮下，喜马拉雅曾实现单日销售额1.96亿元的数据。随着内容品类的不断丰富以及线上线下渠道的不断扩展，它在知识付费领域占据了一席之地，更有成为独角兽的趋势。那么，兴起知识付费的浪潮后，喜马拉雅是如何运用自己的思路实现用户和收入双增长的呢？

（1）用户获取。使用多种推广手段，比如，地推、广告投放、KOL推广、App应用商店分发等，获取更多的新用户。

（2）用户激活。用户进来后，让他们开始使用产品，比如，王者荣耀的新手训练营、考拉海购的新手红包、陌陌的推荐关注用户等，将用户激活。

（3）用户留存。如果用户没有参观完就离开，就会多次使用产品的各项功能，比如，各App常见的"用户成长体系"。

（4）收入。开始的时候采用"免费模式"（先汇聚海量流量，再将流量变现），近两年充分发挥了"知识付费""粉丝经济"等作用。

喜马拉雅是怎样实现订阅变现的呢？喜马拉雅、出版社和主播三方会均分有声书带来的收益，比如，广告、赞助、贴片、粉丝、付费等有声内容。付费有声书的播书人每一集播出之后都会产生多方面收入，比如，一档非常受欢迎的亲子节目在播出后就会收到亲子类、儿童类广告商提出的线下合作或插播广告合作，后续的粉丝见面会、代言、线下活动甚至直播中粉丝打赏礼物，都会为主播带来巨大的收入。

喜马拉雅FM自己拥有一套精准提升收益的方法，以讲惊悚故事的主播"有声的紫襟"为例。其男粉丝数量远超过女粉丝，不过在今后的运营中稍微处理了一下惊悚的部分，提高了女粉丝的比例。因为女粉丝不一定消费能力强，但很多时候她们会决定另一半的购物决策。此外，女性用户还更愿意分享和转发。不仅如此，针对不同地区、不同时段、不同年龄层、不同热点人群，喜马拉雅内部都有基于数据分析的具体提升方法，保障了喜马拉雅的内容质量和盈利。

喜马拉雅用"音频+知识+付费"模式，切入了这几个行业的交叉点，一举成为这个领域的佼佼者。

让客户定期（每月、每年等）支付固定费用来使用产品或服务，可以为企业创造稳定且可预测的收入来源，同时让客户持续获得他们需要或想要的东西。当然，要想留住客户，重点是要为他们提供优质服务，定期更新商品和内容，并提高客户满意度。

54. 广告变现

广告收入是许多网站的主要盈利方式之一，当网站拥有一定的流量和用户黏性时，就能通过在网站页面上投放广告来获取收益。广告主可以根据自己的需求选择不同类型的广告，提供精准的投放服务，实现广告与内容的完美结合，成功变现。

——王冲

案例1：每天只工作2小时，就能从谷歌广告赚几万美元

有一个人24岁时建了一个网站，每天只工作2小时，就能从谷歌广告赚几万美元，既不用找合伙人，也不用融资，一个人掌握100%股权，在36岁时以5.75亿美元的成交价将公司卖掉。这个人就是Markus，该网站就是婚恋网站Plenty of Fish。

Markus开始有了做Plenty of Fish的想法时，是因为学会了一门新的计算机语言ASP。为了练手，也为了便于今后找工作，他就随手建了Plenty of Fish，结果很多人都来网站注册。因为发展火爆，有些企业和商家就在他的网站上做广告。等到网站每个月能赚4000美元时，他就辞掉原来的工作，过上了靠广告费为生的日子。

2003年6月，网站的浏览量只有493个，广告收入为7.6美元；到了2003年7月，浏览量达到18万，广告收入约为1700美元。之后，每月稳步递增，到了2004年2月，广告收入已经达到1.2万美元；2004年6月，收入突破5万美元。到了2005年4月，该网站的广告月收入突

破了 10 万美元。

2006 年 6 月，谷歌广告给他寄来一张 90 万美元的支票，相当于每天可以赚 3 万美元。这时候，运营该网站的依然只有他一个人。而他的竞争对手，一般都至少有 600 台服务器以及 300 名以上的员工。直到 2007 年，Markus 才招聘了第一个员工。

案例2："跳过"的广告反而赚广告费的秘密

有一个网站，2020 年广告收入 197 亿美元，约合人民币 1364 亿元，每分钟广告收入 25.9 万元；2021 年一季度广告收入达到 60.05 亿美元，约合人民币 389.2 亿元，算下来每分钟的广告收入达到 30 万元。这个网站就是 YouTube（中文名：油管），是 Google 旗下的 UGC（用户发布内容）视频网站。

说 YouTube 非常赚钱，很多人可能不相信，因为在我们的印象中，YouTube 的广告可以跳过。观看 YouTube 广告视频 5 秒后，就会出现一个"跳过"按钮，我们可以自己选择是否"跳过"广告。这么人性化的设计，对饱受国内视频网站动辄 60 秒、120 秒强制观看的前贴广告"摧残"的我们来说，感觉是相当不错的。

很多人不禁惊呼，Google 为了用户体验，可以放弃广告收入！其实，这个"可跳过"的广告并不是 Google 公司的设计，也不会让 Google 公司的收入降低，这个可跳过的广告，不仅不会降低 YouTube 的广告收入，反而有助于增加 YouTube 的广告收入！

首先，YouTube 给这个"可跳过"的广告形式取名为 Tureview 广告，中文翻译过来就是"按有效观看付费"的广告。怎样才能算作"有效观看"呢？可以这样理解：

第一种情况，满足有效观看时长，如果视频广告时长超过 30 秒，用户没有跳过广告并观看该视频达到了 30 秒，就可以"推断"该用户对广告内容是感兴趣的。这种情况满足"有效观看"的情况，可以收取一次广告费用。

第二种情况，用户观看广告6～7秒后，如果觉得不满意，点击"跳过"按钮，就是不想看广告，就不是"有效观看"，平台不会收取该次广告费用。

第三种情况，用户观看广告的时长虽然没有达到30秒，比如20秒，但他点击了视频上出现的"立即购买"或"了解更多"按钮，进入品牌官网或产品详情页，也会形成有效观看产生计费。因为用户已经受到广告影响，产生了真实的行为。

在YouTube上投放广告，并不是消费者看到就产生计费，而是只要消费者感兴趣、观看完整的广告内容，或发生了一次和视频内容的互动行为，就能产生收费行为。因此，在YouTube上投放广告的企业只要为真实观看买单即可。

这种为"真实观看"买单的广告会带来很多好处。

一是提高广告的真实曝光度。企业在平台上投放广告的目的是让更多真实的、对产品感兴趣的用户受到广告的影响，并产生购买行为。采用"按有效观看"的计费方式，用户支付的广告费都是"真实有效"地观看，就会大大提升真实的曝光度。

二是提升广告主品牌影响力。看到"5秒后广告可跳过"的提示，用户多半都不会离开，反而会聚精会神地盯着广告看，这5秒的广告到达率极高，一旦广告重复播放，就会对"不那么感兴趣的"用户造成影响，而这种"影响"不用支付广告费。

三是促进企业广告质量的提高。由于5秒后广告可跳过，质量差的广告就会被用户无情地跳过，而那些优质的广告，用户就会耐心地看完。每个人的内心本质上是讨厌广告的，但拍得好的、符合消费者需求的广告，用户一般都会耐心地看完。因此，企业会尽一切努力提升广告的质量，尽可能地留住用户，特别是前 5 秒，会尽一切可能抓住用户的"痛点"，这样就能在潜移默化中促进平台上的广告整体质量的提升。

采用这样的机制，用户会帮助平台去判断广告质量的高低，"质量低"的广告用户不喜欢，平台也就不会给太多的曝光机会。高质量的广告，用户体验好，用户会更加愿意观看广告，"有效观看率"就会提升，这样 YouTube 的广告收入反而提升了。

互联网广告的传播不受时间和空间限制，只要具备上网条件，任何人在任何地点都可以查看。这种效果是传统广告无法达到的。同时，根据广告主的不同需求，通过互联网大数据分析，就能把广告投放给指定人群；同样，只要适时调整广告投放策略，就能在激烈的商战中把握先机。

55. 打赏变现

从几元至几万元"打赏"金额，不断地刷新着人们的认知，其背后的产业链和商业模式值得我们深入研究。

——王冲

案例1：Kimi打赏模式提升用户忠诚度

在网络直播的新兴领域，观众赠予主播的"礼物"也被冠以"打赏"之名。作为互联网时代的产物，直播以其独特的即时互动性和沉浸式体验，迅速吸引了大量用户。在直播间里，观众通过打赏礼物的方式表达对主播的喜爱和支持，主播则依靠这些打赏获取收入，形成了一种双赢的商业模式。

在人工智能大模型领域，Kimi 因用户量激增而备受瞩目。然而，突如其来的流量也给其服务器带来了不小的压力，导致服务一度出现宕机。为了应对算力不足的挑战，2014年Kimi团队迅速推出了创新举措——打赏模式，即用户只要支付5.20～399元不等的费用，就能在高峰期享受优先使用权。

这种打赏模式，正是基于Kimi对其用户群体的深刻理解。Kimi的主要用户是价格敏感的年轻人，他们更喜欢小额支付。设定较低的打赏门槛，Kimi不仅降低了用户体验AI服务的成本，还巧妙地扩大了用户基础，提升了用户黏性。

无论采用何种商业模式，成功的关键都在于持续提升服务质量，吸引并留住忠实用户。Kimi的打赏模式无疑是一种大胆的尝试，为AI工具的商业化开辟了一条新的路径。

Kimi的打赏模式是对传统订阅制的一次大胆突破。传统的订阅制往往需要用户按月或按年支付固定费用，模式虽然稳定，但也存在一些问题。而有些用户，可能并不需要长期使用大模型或者使用频率较低，因此订阅制对他们来说并不划算。而Kimi的打赏模式则更加灵活，用户可以根据自己的需求和使用情况，自由选择是否支付打赏费用，既能降低用户的使用成本，又可以提高用户的满意度。

Kimi的打赏模式也是对用户需求的一次深入洞察。Kimi团队通过对用户行为和心理的分析，发现了用户对于优先使用权的需求，并通过打赏模式来满足这一需求。这种模式不仅提高了用户的使用体验，也增加了用户对Kimi的忠诚度。同时，打赏模式还为Kimi带来了额外的收入，这些收入可以用于进一步优化和提升产品的质量和服务。

Kimi的火爆，有目共睹。2024年3月，月之暗面的服务器就曾因为访问量过大超过负荷，出现拥堵甚至宕机的情况。

案例2：商家打赏，重复消费锁定回头客

商家通过注册、激活、打赏、积分空投释放、重复消费等方式，可以有效实现重复消费和锁定回头客。嗨某购模式就是这样的一种模式，下面是嗨某购模式的具体步骤的详解。

步骤一：注册。新用户微信扫描二维码出现注册界面，App下载界面，填写手机号、验证码，设置密码提示注册成功后，会直接跳转到App下载界面。新人注册会赠送300共享值，不购买激活礼包，不能使用激活。

步骤二：激活。会员注册成功后，在商城首页普通产品区购买任何一款产品，即成为消费贵人，可享受直接分享奖励，不具备升级权限。在商城礼包区购买产品进行激活，可以获得双倍共享值奖励，并可以激活注册时赠送的×共享值。购买×元激活礼包的会员，具有可以向公司申请成为区域运营中心资格。区域运营中心必须购买4999元激活礼包，才能向公司申请成为区域运营中心，获得所属区域商家让利额度8%（参数）等值的积分。

步骤三：商家（打赏）。会员只要购买399元或者399元以上的激活礼包，就可以提交申请成为商家具有打赏功能。线下通过打赏功能进行打赏时，商家的推荐人和被打赏的消费者的推荐人都能获得商家赠予共享值所消耗积分的积分奖励。商家打赏获得其赠予的共享值为20%的共享值，如赠予消费者1000共享值，本身获得系统奖励200共享值。商家操作打赏功能时，消耗销毁的是积分，如果没有积分，就不能打赏其他人共享值。商家审核通过后，具有打赏功能，须在账号内预留足够的积分，可用于其上架的产品被购买后需要向消费者支付的共享值。商家上架的产品，由公司负责。上架产品时必须设定赠送的共享值额度，赠送共享值最低不能低于产品零售价格！消费者购买，点击确认收货后；设定共享值划到消

费者账号，商家账户销毁等值积分。

步骤四：积分空投释放规则。第一个月每天释放 100（参数），第二个月递减 50%（参数），依此类推。释放时间是每天中午 12 点，上线后根据市场情况，设定开启空投时间。空投同时设置每天积分的指导价格（参数）。空投个人所得积分规则系统公式：个人所拥有的值 ÷ 全网所有激活的值 × 每天空投的总量。空投得到多少积分，同时销毁多少等值的共享值（根据积分指导价换算，扣减共享值系统公式：所扣减的共享值 = 获得积分量 × 积分价格，默认共享值价值是 1 元）。

步骤五：重复消费。会员每个月须进行重复消费，每个级别会员消费额度不同，设置参数。自购买产品之日起，30 天内须重复消费，不消费空投积分停止；停止后又进行了消费，空投重新开始（消费多少金额可以续期多久）。会员前台显示的是直接推荐会员列表、其伞下业绩总额度及上级别总人数。支付方式分为添加积分支付、积分加现金支付，以及第三方支付。

社交媒体时代，品牌认知度的提升成为许多企业和个人追求的目标，用户通过社交媒体平台或直播平台向创作者或品牌送出的虚拟或实物礼品，包括虚拟货币、虚拟道具、实物礼品等，不仅可以表达对内容的喜爱和支持，还能增强与品牌的互动，迅速拉近与用户的距离，扩大品牌的影响力。

56. 流量变现

流量，是移动互联网的"血液"，没有流量，就没有移动互联网。流量意味着体量，体量则意味着分量；只要是用户聚焦的地方，就有流量，就有金钱。

——王冲

案例：一张桌子也能引来流量

我的学员中有一对夫妻，他（她）们经营着一家家具店。之所以会开家具店，是因为当时房地产正处于火热高峰期，看到亲朋好友中有人靠卖家具赚了钱，于是夫妻俩一商量，在2015年也开了一家，主要售卖中高档家具。

刚开始的那几年，正赶上房地产火热，他（她）们确实赚了一些钱。但随着地产降温，门店的销量也大幅降低，夫妻俩苦不堪言。后来，在朋友的介绍下，参加了我的课程，跟我讲述了他（她）们的难题，我建议他（她）们做家具定制，用一张桌子引流。

具体操作流程如下：首先，找到定制家具的群体。通常装修房子的业主都会购买家具，而且还是成套的。然后，去家居商场找售卖这些产品的店铺谈合作，并对他们说："我这里有一种实木桌子，价值1500元，我给你一些卡券，用户只要拿着该卡券，就能去我那里免费领取一张桌子；只要客户在你店里购买了2万～3万元产品，就免费送给他一张。"只要客户到了家具店，后面的事情就好办了：假设有100名客户得了卡券，40人到家具店领桌子。老板会告诉这些人，这张桌子是定做的，但只有跟家里的装修风格、颜色保持一致才显得协调，我们要安排设计师去你们家看一下装修风格；如果客户同意，技术人员就会去客户家观察，同时他们还向客户介绍整体家具定制的理念和好处。

整个流程走下来，如果40个领桌子的人中有10个人决定定做家具，一套按2万元计算，他（她）们就能有20万元的收入。20万元的收入减去40张桌子的成本16000元（每张400元），利润还是巨大的。

靠着这个方案，夫妻俩得到了与客户交互的机会，家具店的生意果然开始好转，利润暴增。这张桌子自然也就成了吸引客流的关键。

在这个流量为王的时代，流量才是一个企业未来的核心要素，一个企业如果没有流量就失去了生存和发展的依据。那么，对于老板而言，如何依靠流量开启盈利模式呢？

一般来说，流量可分为六种，第一种叫商品流，第二种叫物流，第三种叫信息流，第四种叫客流，第五种叫现金流，第六种叫技术流。通过这六种流量模式，可以帮助企业实现盈利的目的。

很多企业为了让更多的客户了解自身，不惜花十万元、百万元、千万元、一亿元甚至几亿元在各类媒体打广告，就是为了信息流。而信息流一旦打通，那么企业便抓住了生存的命脉。

当然，有些企业看似缺现金流，但事实上缺的是客流。我经常讲一句话叫"业绩治百病，服务定天下，现金解千愁"。很多企业的老板总认为自己的现金流很紧张，全靠东挪西凑来过日子，其实从根本上讲，缺的是客流。当你有了消费者，那么一切问题都迎刃而解了。

最后来讨论一下技术流的问题。有些企业不缺客户，也不缺资金，缺的是技术，比如华为，如今的华为正在带领着各领域的高科技企业打一场新的"上甘岭战役"，在这场中美之间的高科技战争中，技术成了最稀缺、最宝贵的资源。

当然，我们这里所说的技术流不仅指高科技，还可能指销售和流程的技术。比如，有些企业资金丰厚，但是它们的员工不知道怎么开发客户，客户来了，不知道怎么跟人家成交，成交之后不知道怎么做售后服务，或者服务完了不知道怎么转介绍。事实上，这一套技术是有标准的流程的。首先，企业从哪个地方可以精准地获客？获客之后，如何把客户通过会员、通过让利、通过促销变成自己的客户，老板怎么操作才能把这些客户又变成自己的合作伙伴？从消费者到消费商，服务好公司的客户，让其对公司的产品，对公司的服务很满意，最终跟公司形成的关系不光是消费关系，而更多的是利益和事业共同体的关系。

总之，要想通过流量变现，就应该先让别人知道自己，这是信息流；再让别人找到自己，这叫客流；最后让别人付钱给自己，这是现金流。概括起来就是一句话：经营企业不要把焦点仅仅放在产品上，流量的这六个点每一个都很重要，企业只有把自己缺失的部分补回来，将来才有更大的发展空间。

新的商业时代，仅仅依靠产品的差价盈利，肯定走不远，聪明的做法是实现"盈利点的偏移"，变流量为留量。通过会员锁流，获得巨大的流量，从而为变现创造更多的便利。因为，赚钱就是赚取人心。

57. 用户变现

互联网底层逻辑中，赚钱不是首要目标，用户增长才是王道。

——王冲

案例：锁定中高收入群体提升复购频率

盒马依托强大的物流和冷链技术，开创了"超市＋餐饮"的新零售商业模式。线下店的出现弥补了人们网上购物无法感受物品的缺点，促进线上销售额的提升，并降低仓储成本；而线上配送时间控制在30分钟以内，其便利性和线上活动更高的触达性成为业务高速增长的基石。

盒马对目标人群进行详细分析后，总结出用户画像如下：一是年龄主要在31～35岁，生活品质要求较高。相比于外卖更倾向在家做饭，对生鲜商品的需求提高。二是熟练使用互联网。因为电商模式对互联网的使用有较高要求，40岁以上人群对互联网支付有些生疏。三是受教育程度较高。接受新鲜事物的能力强，收入水平也较高，大多工作繁忙，追求效率。四是盒马主要围绕生鲜、食品打造消费场景，属于高频低客单低决策类型，因此为了提高复购，主要采取了"定向一转二"和"多单有礼"的运营策略。

定向一转二即每个节日节点，用户都会收到盒马的短信提醒，以各种名义花式发放优惠券。盒马App也会不时发放小额优惠券，促使用户短时间内进行消费。多单有礼盒马设计了一个盒马小镇，用户可以在里面做任务攒盒花，购买时可用以抵销一定金额。达到不同的消费金额，就能攒到不同数量的盒花，比如"满额下单"和"新潮美味尝新"。购物完成后，盒马会赠送其他品类的优惠券，比如，购买食物，推了保洁、美妆等品类的优惠券。跨品类促销在购物车界面，盒马通常会提示可以换购其他品类的商品。在各种商品的购买界面，也常常提醒可以"超值换购"。

在一些节日节点，商家会利用大促进行总价促销。比如，三八节促销，就采用了多种玩法，如满减、满件、优惠券、送赠品等。为了刺激消费者购买，盒马会特意在商品旁用红字标出"已有×××个用户下单"，或写明"爆款""推荐"等字样，利用稀缺性促进下单。

推广方式包括在下单时提示"购买×会员这单只需××元"，通过数字对比，给人很大的优惠暗示，对价格敏感的人就容易购买。在开卡界面，会有限时开卡好礼，制造时间紧迫感，刺激消费者购买。并且开卡权益每隔一段时间会更新，比如，刚开始是50元优惠券，后来换成一袋米或一箱牛奶。

由于主打高品质生活，盒马的菜品从外观到质量略高于普通超市，较符合中高收入群体的需求。而盒马App上的商品描述也秉承这一风格，从介绍到详细的文案描写，都突出了其高质量的特点。

每天都有会员优惠折扣以及免费领菜日，很好地提升了复购频率和ARPU值。

58. 粉丝经济变现

粉丝裂变策略成为企业快速扩大用户群体的重要手段。通过精确的定位和有效的传播，企业可以利用粉丝裂变策略吸引更多的粉丝，从而提升品牌影响力和锁定用户。

——王冲

案例：粉丝变现三天销售7000斤苹果

大家都知道山东盛产苹果，但很多果农家里会面临苹果滞销的问题，由于无法销售出去，一般都是开着小货车到周边地区零售或拉到批发市场销售，但一天也只能卖100多斤。有位果农朋友很聪明，也很爱学习，他利用粉丝经济的原理，3天时间就销售了7000斤苹果，他是怎么做的呢？他的方法很简单："2000斤苹果免费送，加好友，送苹果！"

文案具体如下：

本群为山东苹果直供群，不定时会有红包。

（1）只要进群，加群主为好友，就送一把削皮刀和1斤苹果，并享受每斤便宜0.5元的待遇。

（2）邀请10名当地好友进群，再免费送5斤大规格苹果。

（3）本群为福利群，禁止发布广告。

（4）参与活动的朋友，如果邀请够了人数，找群主确认！普通果2.5元，群员2元；大果3元，群员2元。

这就是这次活动的所有内容。在组织这个活动之前，这位果农的本地微信好友只有 5 个。建群的第一天，群里的几个人都是他的忠实客户，第一天裂变了 100 人，之后再也无法裂变。为了吸引人群，发放活动奖品的时候，老板就拍些现场的照片发到群里，同时很多领取到免费苹果的客户也在群里晒图。看到确实能领到苹果，人们消除了怀疑，自然就愿意参与这个活动了，很快就达到了 300 人。很多人到现场领取苹果后，发现苹果很好吃，价格也低于市场价，就会再次购买，每个人购买 5～10 斤。于是，苹果很快就被销售一空。

这个果农对销售数据做了统计：第一天活动结束时数据：当天销售苹果约 3000 斤，能拉够 10 个人的客户不到 30 个，领取 1 斤苹果没有购买的大约 150 人，这就是他的成本。第二天活动结束时数据：大家都在观望，很多人都不太相信这是真的。第三天活动结束时数据：开始准备送 2000 斤苹果，结果送出去不到 500 斤；加了 300 多个本地精准客户，共销售 7000 斤苹果……

社交时代，传播的主导权已经被粉丝掌握，他们不再是被动地接受，而是更主动地参与。他们所占据的主导地位，让现在的企业更能看到服务意识及体验的重要性，也督促企业不断地进行自我提升。因此，企业要为粉丝提供更好的服务，不断完善自身的服务意识，而留住粉丝的心、增加粉丝的黏性。

59. 社群运营变现

企业增长焦虑的背景下，流量没有红利，但用户价值仍有红利！在整个私域生态圈中，能够最为直接、高效连接用户的就是社群。

——王冲

案例："级差模式+平层奖励"让社群快速变现

社群的流量变现是社群经济的重要组成部分。只要用户满意度高、社群氛围良好的社群，就能稳定地获取收益。同时，根据自己的社群特点和用户需求选择合适的变现方式，就能不断优化和升级服务，提高用户留存和增加变现效益。下面看一个社群运营的模式。

此模式主体为"级差模式+平层奖励"，用户无须囤货，只要按照销售业绩和个人团队发展进行升级，就能享受更高的分红比例和级差奖励。终端销售时，按订单实时获得奖励。

（1）普通用户，购买首单时按原价。

（2）购买任意一单后升级成为会员，第二单开始8.2折社群团购价。会员自购可以享受18%优惠，可以分享锁定关系，但是没有收益。

（3）小当家。成为小当家的条件是，购买满168元礼包，三个礼包任选一个。买了礼包，成为小当家后，本人购买优惠15%（8.2折社群团购价的基础上）（实际为30.3%优惠）；买了礼包，成为小当家后，分享用户、会员购买（享受对应比例佣金折扣）。直属团队包含10个小当家（掌柜也算）；销售业绩累计10万元，这10万元包含：小当家本人购买的产品，小当家旗下普通用户和会员购买的产品，小当家直接招募的小当家的销售业绩。如果小当家招募了掌柜，掌柜算10个当中的一个，但业绩不算；如果小当家A招募了小当家B，B在晋升为掌柜之前产生的个人销售业绩也算A晋升掌柜的业绩，B晋升为掌柜之后产生的销售业绩不算入A晋升掌柜的业绩。

（4）掌柜。成为掌柜的条件是，2万元保证金（限前50名），直接获得掌柜身份，当团队销售业绩达到2万元时，2万元保证金退回；通过小当家晋升为掌柜。2万元团队销售业绩包含本人购买的产品，旗下用户购买的产品，旗下小当家购买及销售的产品；两个条件满足其中一个即可成为掌柜。成为掌柜后，本人购买优惠18%（8.2折社群团购价的基础上）；成为掌柜后，分享用户、会员、小当家购买享受对应差值的收益（级差模式）；平级奖励：直属掌柜销售额的1%。

如今，人们的消费行为已经发生变化，过去只要购买完成就意味着生意的结束，而现在购买完成则意味着与客户的关系才刚刚建立，生意才刚刚开始。社群就是一群志趣相投的人在一起，基于共同的目标而进行的社交，确立社群强关系，企业就能赢得无限的机会和利润。因为社群是品牌与用户沟通的最佳路径，成本最低，效率最高。

60. 直播变现

直播是获客必备方式之一，谁能开直播谁就能赚钱。交易额、场次数、观看人次和直播商品数都呈现持续增长态势，直播电商成为最大赢家。

——王冲

案例1：做直播投入不超过2000元月赚20万元

普通人想要转行、提高收入，是件比较有难度的事情，常常不知道要怎么做。原本做小餐饮生意的刘姐，转型通过直播带货，仅用了三个月，月收入就高达20万元。

其实，刚开始刘姐的餐饮生意还做得不错，后来因为生意不好做了，只能另谋出路。她发现微信是个风口，觉得做直播带货很不错，于是果断干起了直播。

首先，解决卖什么的问题。刘姐很会做饭，这也是她的长项，跟长项紧密相关的自然是做饭的工具。由于她每天都要用厨具制作菜肴，很了解哪些工具更好用，哪些用起来不方便，于是她决定主卖电饭锅、炒勺等厨房用品。

接着，考虑进货问题。刘姐和想合作的品牌方说明了自己的想法，但因为刚开始做，流量很少，品牌方不支持免费提供样品，她需要自己进货。等后面流量起来了，品牌方知道了她的实力，会免费提供样品。

从品牌方进货的好处是，品牌方代理发货，退换货都由他们处理，刘姐的直播间类似橱窗，只做流量吸引。

前期进货刘姐共花了几百元钱，除了货品外，还购买了背景布，大约50元。灯光稍微贵一些，差不多500元。总成本投入不超过2000元。为了节约成本，她就在自家的一个房间里搭建了一个类似商场的厨房用品专柜，让消费者有种真的是在商场里选购厨具的感觉。

那么，刘姐的流量从哪儿来？

（1）错时间+错人群。刘姐做到3个月时，场观能达到1万人，且都是自然流量，没有付费投流量，日平均最低有5万元的销售额。原来她采取了一个策略，就是错时直播。通常直播高峰时间段是晚上，但刘姐没选择在晚上播，而是选择在上午播。因为她的目标人群是40~60岁的家庭妇女。这个时段老公上班，孩子上学，她们通常会做家务，也会选择看看直播，刷刷视频，这也是一种无形的陪伴方式。刘姐知道这群人的特点和喜好，直播时也能聊聊大家喜欢的内容，直播效果自然不错。

（2）时间长+勤奋。她每天会播4~5个小时，从早上6点30分到上午的11点30分，1个月至少播25天，但刘姐也不觉得很累，因为比起之前从事的餐饮行业，已经好太多。那时她每天工作一整天才能挣200元，现在工作一上午，就能卖上万元，自然更有动力。

（3）学习和迭代。刘姐有个笔记本，上面密密麻麻地记录了每款产品的话术。任何一款产品，她都能清楚地说出产品的细节。直播后，她也会做很多功课，对销售的产品特点了解得非常清楚。所以直播时，她分享得很自如，获得了很多客户的认可。

如今，刘姐一天销售额最低5万元，1个月的销售额约为125万元，1个品的利润大约在20%，高一点的在35%～40%。125×20%=25万元，1个月的利润就是25万元。虽然每月的产品退货率约为20%，25万×20%=5万元，但减去退货率，1个月最低能赚20万元。

案例2：用数字化营销实现销售额3000万元

朱总出身房地产行业，因为爱喝茶，喜欢茶文化，于是承包了茶山、开了茶厂，做起了茶文化推广事业。他在线下拥有几家体验店和40多名员工，1年的销售额在2000万元左右。虽然销售额看起来不错，但基本都是靠老板的个人关系做出的业绩，去掉租金、人工、水电等均摊下来以后，实际利润并不高。

2019年经过朋友的介绍，参加了我的课程以后，朱总开始改变商业策略。

招数一：从招聘到招商。

步骤1. 减少人员招聘，开始面向社会招募合伙人，设计不同等级的合伙方案；

步骤2. 投资3万元成为银级合伙人；

步骤3. 赠送3万元的茶产品，价值8000元的茶台一套，专业定制茶产品包装；

步骤4. 赠送茶艺课程培训一次；

步骤5. 赠送价值2400元的去氛水；

步骤6. 赠送20张茶产品7折会员卡；

步骤 7. 裂变 3 个同级或更高级别合伙人，将全额返还合伙金。

经过 1 年左右的实践，方案逐渐成熟落地。可就在势头越来越好的时候，2020 年突如其来的新冠疫情打乱了所有计划，朱总一时间也不知道怎么做才好。恰好 2 月 28 日我第一次在抖音直播，在分享过程中，我的一句"标准产品走线上，非标（服务、体验）走线下"点醒了朱总。第二天一早他立刻与我进行了深入交流，当即决定进军抖音，做直播电商。

招数二：数字化营销。

步骤 1. 开设抖音账号，拟定人设；

步骤 2. 拍摄茶文化短视频；

步骤 3. 培养主播、助播以及直播间相关人员；

步骤 4. 主播轮班直播，线上销售茶叶、茶具等产品。

招数三：配销。

步骤 1. 买 1000 元茶叶，送 1 套茶具；

步骤 2. 买 5000 元茶叶，送 1 套茶台；

步骤 3. 买 10000 元茶叶，送 1 台按摩椅 +1 套茶台。

这几套组合拳一打，发展速度很快，1 年时间账号积累了 100 多万粉丝，产品销量超过 10 万份，均价在 200+，销售额约 3000 万元。别看和之前做线下的销售额差不多，但是这不需要门店租金，员工也由过去的 40 人降到现在只有 3 个主播，使企业有效地降低了成本，纯利润大大增加。

通过直播，企业可以向消费者展示自己的产品和服务，提高品牌知名度，增加销售额。不过，要想通过这种模式盈利，就要重点关注两点：一是明确企业直播的目的，是推广品牌、增加用户互动、提高销售额还是其他？目的不同，直播的内容和方式也会有所差异。二是在策划直播前，要了解目标受众的需求和兴趣，认真分析受众的年龄、性别、职业等信息，制定合适的直播内容和互动环节，吸引用户参与。

61. 短视频变现

"短视频+"模式，是对商业模式的焕新。在全民短视频时代，新的商业模式应运而生，企业应该抓住短视频时代的红利，推动经营方法和渠道的革新。

——王冲

案例：在抖音用吹风机"吹"出5个亿流量

中年大叔潘敬辉在抖音用吹风机，通过晒太阳的视频在全网引爆流量，"吹"出5个亿流量，单月变现500万元，积累了300万粉丝。那么，他是如何从零开始到成功打造全短视频矩阵，实现大规模变现的呢？

第一步：从0到1。

（1）晒太阳视频的破圈。潘敬辉最初通过晒太阳的视频获得了大量关注。这个看似简单的动作，实则背后有着深思熟虑的选题策划和执行。晒太阳属于健康养生类内容，能够吸引到广泛的受众群体。

（2）打造人设，获取流量。通过大量拍摄口播视频，潘敬辉成功打造了一个亲民且专业的健康养生达人形象。口播视频制作成本低，效率高，且容易重复利用。通过不断输出高质量的健康养生内容，潘敬辉逐渐积累了大批粉丝。

（3）从公域到私域的引导。在公域平台（如抖音、快手、小红书等）获得初步关注后，潘敬辉通过群聊等方式将粉丝引导至私域（如微信）。在私域中，他为用户提供更加个性化的服务和产品，进一步提升用户黏性和变现能力，具体做法包括卖199元的录播课、果胶产品以及一对一咨询服务。

（4）简单的变现链路。潘敬辉的变现链路从晒太阳的视频开始，经过人设打造、流量获取、公域引导到私域变现，最终形成了一个完整的闭环。

第二步：从1到100。

（1）多平台多账号的布局。成功跑通了从0到1的模型后，潘敬辉将这一模式放大，在多个平台（如抖音、快手、小红书等）注册了多个账号。截至目前，他在小红书平台上就拥有30个账号，四个平台累计账号数达到120个。

（2）管理矩阵账号。管理如此庞大的账号矩阵，需要高效的团队和工具支持。潘敬辉招聘了一批运营和编导，分别负责账号管理和内容创作。同时，引入了矩阵运营工具（如数智京云矩阵系统），提升综合的人效比。

（3）高效内容生产。每天拍摄120条内容，对于任何团队来说都是巨大的挑战。潘敬辉采用了高效的内容生产策略：把一个爆款话题（如晒太阳）拍了上百遍，通过换衣服、换场景、换脚本等方式不断优化和重复利用。同时，持续挖掘其他爆款选题，不断复制和创新。

（4）内容的规律性与算法规则。平台的流量分发机制是由爆款视频支撑起来的，一个爆款视频的效果往往胜过十个平庸的视频。潘敬辉深谙此道，通过重复拍摄和优化爆款视频，持续获得平台的推荐和流量扶持。

第三步：放量变现。

（1）超体量流量的承接。要想承接超体量的流量，就要选择大众化的产品。潘敬辉选择了健康养生、减肥、健身等人人有需求的产品，通过直播分享和引流私域等方式进行卖课和卖货变现。

（2）多样化的变现方式。潘敬辉的变现方式多样，包括卖199元的录播课、苹果胶等大健康类产品，以及高客单价的一对一咨询和线下健身陪跑服务。通过多元化的产品和服务，满足了不同层次的用户需求，最大化变现效益。

（3）高复购率的私域运营。健康养生类产品具有较高的复购率。潘敬辉通过优质的服务和产品，提升用户满意度和忠诚度，实现了高复购率。据估算，他的私域粉丝数达到30万，按人均200元的变现计算，年产值可达6000多万元。

在短视频时代，成功的关键在于找到适合自己的模式，并不断优化和放大。潘敬辉的成功并非偶然，而是建立在科学的选题策划、高效的内容生产、精细的流量运营以及多元化的变现策略之上，他的成功为我们提供了成功经验和启示，助力人们在短视频平台上实现更大的成功。

发布能够吸引用户关注的视频、能维持观众兴趣和互动的高质量内容，就能实现粉丝的量级增长，实现最终变现。放到企业身上来讲，反而更容易得多。可以让专业视频制作团队来确保内容的专业性和高质量，同时还可以在视频内容中融入企业文化和产品特点；可以根据不同用户画像进行针对性的营销，做好品牌形象建设及会员权益建设，为最终的变现服务。

62. 增值服务变现

产品不仅仅是一种物品，更是一种承诺。通过产品的不断创新与升级，就能实现其增值变现。

——王冲

案例：推出免费增值服务，酒店成功扭亏为盈

有一家酒店，菜品价位适中，以大众消费为主，服务在当地来说还算

不错，但客源却一直上不来，每天的营业额只有约5000元，去掉员工工资等各种成本，一直处于亏损中。后来，该酒店改变了营销方案，运用免费增值服务，运作了3个月，月营业额就飙升到了30万元。这里面不乏其他措施的改变，不过起到最大作用的就是新增的8个免费增值服务。

一般的酒店运作模式基本上都差不多，没有什么独特卖点，而这家酒店通过打造自己的独特卖点，推出了8大免费增值服务项目，找到了属于自己的优势。

（1）免费擦鞋。为男士就餐开设的免费服务。

（2）免费美甲。为女士就餐开设的免费服务。

（3）免费测量血压。为老年人就餐开设的免费服务。

（4）免费肩颈推拿。为有车族和办公室人员就餐开设的免费服务。

（5）免费儿童乐园。为小朋友开设的免费项目。

（6）免费测量体重。为所有人开设的免费项目。

（7）免费游戏（象棋、五子棋、军棋、跳棋、扑克）等。为等座的客人设立的免费项目。

（8）免费小菜，免费粥、豆浆，为缓解客人等菜时的无聊设立的项目。

这8大免费项目，执行了一段时间，就得到了酒店老板、员工及客户的广泛认可和赞赏。下面，我们来分析一下项目的可行性及投入成本等。

一是投入成本低。从表面上看，增加了8大免费项目，需要投入很大的成本，但实际情况并非如此。首先是设备成本。购买美甲设备大约500元、擦鞋设备50元、血压测量仪300元、体重秤150元、儿童游乐设备（小型的）1000元、桌游100元，设备投入合计2100元。其次是人工成本。兼职美鞋师（内部培养）补贴100元；兼职美甲师（内部培养）补贴100元；兼职推拿师（内部培养）补贴100元。合计300元/月。最后是免费小菜和粥的成本。大约700元/月。通过核算，这8大免费项目的成本每个月在 1200 元左右，还没有员工的工资高，但这些项目却会让客人感受到极高的价值，比如：美甲的市场价为 50～100 元；擦鞋的市场价要 5～20 元；肩颈推拿市场价在 30～80 元/次，而客人在这里都可以免费享受到这些服务，自然感觉很超值。

　　二是不需要招聘专职的服务人员。首先是服务员兼职。在餐前和餐尾的一些时段，有的服务员是闲置的，可以让这部分服务员兼职做这些事情，因为有利益激励，员工并不会太反对。其次是一人多职，全员培训。每个项目授权一个专人负责，当这名服务员忙不过来的时候，其他人可以随时补上，避免服务跟不上的情况。最后是标准化流程，操作简单。标准化操作，简化操作流程，将操作方法制作成卡片，将服务时的常用话术设计成卡片，闲时现场演练，服务员之间模拟操作。随身携带操作卡片，以便随时查看。

　　增值服务是对企业产品或服务的扩展或增强，可以满足更高级需求或提供更佳体验，用户更愿意为此支付费用。一旦用户对增值服务形成依赖或认识到额外价值，便有可能转化为付费用户，重复购买增值服务以满足更深层次的需求。这包括但不限于免费试用、限时优惠、功能限制展示、用户行为数据分析后的个性化推荐等。

63. 功能服务变现

　　依靠功能服务变现的形式多种多样，具体选择哪种方式，还需要我们根据自身优势、行业特点、市场需求、用户付费意愿等因素综合考虑。

——王冲

案例：凭借"0利润培训"服务，理发店老板收入翻番

在抖音上有一个名叫"小王子教理发"的美发账号，它的账号注册者是厦门市海沧区的一家理发店的老板，他一方面经营着自己的实体店铺，另一方面在抖音每天更新自家店铺为客人理发的视频。

他的视频内容做得很吸引人，里面有各种各样的干货内容，比如，零基础小白学理发时需要用哪些打薄技巧，学生粗硬发质如何修剪鬓角，女生在家剪刘海的技术要点有哪些，头发少的人如何修剪，潮短发斜刘海的修剪教程是怎么样的，等等。视频内容具有很强的实用性，吸引很多人观看、收藏点赞。这种操作是对自己技术和门店实力的一种展示，这无疑为自己的店铺吸引了很多的流量。

与此同时，他还推出了专业理发培训的服务，针对那些零基础或者微基础，且有学理发意愿的人员展开培训。"每天上午开课，下午户外剪真人，晚上店里实操，每天都有大量的真人实操。"这是他抖音线上的业务简介，这项服务对于那些想学习理发，但是找不到途径的人而言简直就是雪中送炭，因此课程一上线就受到很多人的欢迎。而这位店长也凭借着自己的技术和经验实现了服务的多样化，放大了自己的价值，让自己的收入翻倍。

洛克菲勒说过一句名言："聪明人说我不知道，智者说让我想一想。"赚钱问题不在于技术，不在于拼命，而在于主动思考问题，思考自己有哪些价值，思考商业的本质，思考社会经济的趋势，思考如何利用自己的强项给别人带来价值等，就像上面的案例那样，理发店老板能够看到自身的价值，然后分别利用广告推广功能和理发培训服务为自身创造广阔的利润空间。

在现实生活中，如果我们也想模仿上面案例的做法，想要利用功能和服务为自己变现，那么需要注意以下几个要点。

一是明确目标用户以及其需求。在利用功能和服务变现之前，我们首先要精准定位自己的目标客户群体，了解他们的社会属性，比如年龄、性别、职业、地域、教育程度等，也要分析他们的行为习惯，比如用户对某个服务的使用习惯和频率，经济实力和消费习惯等，更要清楚他们的需求，用户在什么场景下需要哪些功能，用户在使用某个产品或者服务时体验感如何，产品的功能或者服务是否能满足客户的需求等。我们只有了解了这些，才能更加精准定位自己的服务内容，提升自己产品的功能，提升服务的质量和用户的满意度，从而为变现打好基础。

二是开发创新性的功能和服务。企业和商家要想提升自身产品和服务在市场的占有率和竞争力，那么创新是一个绕不开的话题。举个例子，今日头条之所以成为众多品牌方追捧的对象，是因为它有多种富有创意的展示形态，比如开屏和信息流广告支持静态或者视频，广告主可以根据自己不同的营销需求进行自由组合投放。另外，开屏富有创意的视觉刺激效果也能加深用户对品牌广告的记忆度，激发用户对内容的深层探索，新颖的传播触达形式也能降低用户因为视觉疲劳而带来的曝光损耗，从而有效提升品牌的传播率。基于以上种种创意营销优势，从而使得今日头条很好地吸引了众多品牌方的加盟，而它自身也因为富有创意的产品推广功能赚得盆满钵满。

三是选择适合的结算方式。追求高性价比是许多消费者在购买产品或服务时考虑的重要因素之一，因此我们在提供功能和服务之前，一定要设计好适合的结算方式。我们是选择直接收费，还是抽取佣金，抑或是其他的变现方式，这都要根据自己的实际情况确定。不过不管怎么选择，都要优先考虑客户的需求，为他们设计个性化的结算方式，这样对于他们而言才是最划算的。比如，今日头条的广告购买方式就分为两种：CPT（Cost

Per Time，按时长计费广告，包时段包位置）和 GD（Guarentee Delivery，保证递送广告，按展示量计费，保量）。究竟选择哪一种呢？品牌方会根据自身需求而定，最后被选定的那一种方式对于品牌方而言一定是性价比最高的。

四是优化用户体验。为了更好地实现变现的目的，我们在开发产品功能和为客户服务的过程中要注重提高用户的体验。具体来说，应该怎么做呢？首先，我们可以积极与用户互动，收集用户反馈并不断优化功能和服务；其次我们可以设计简洁、易用且美观的用户界面，降低用户的使用难度。最后，根据用户的偏好和历史行为，提供个性化的功能和服务推荐等。这些举措都能帮助企业和商家提升用户的愉悦感，建立用户的信任，提升用户的黏性，从而为后续的付费转化打好基础。

64. 内容变现

"内容为王"永不过时。内容为王就是更注重用优质的产品与服务获得合理的营收，以品质论成败而不是以流量论成败。

——王冲

案例："红衣大哥"如何用1条知乎内容变现12万元

李显红是一位拥有 400 万粉丝的战略营销咨询顾问，他从事营销行业已经 8 年有余，资质深厚，且专业能力极强。他曾经参与策划过很多大型活动，也创业开过几个公司，更在闲暇之余充当过写手，在网络上留下了 4000 多篇文章，其中有一篇标题为《普通人怎么包装自己，才拥有牛逼感！具体方法》的知乎文章还为他获得了 12 万元以上的经济收益。

这篇知乎文章大致内容是教人如何做好个人品牌，文章中他主要讲了两件事情：第一，一个珠宝客户前来咨询如何打造个人品牌，他分五个步骤详细教客户如何构建人物包装的框架；第二，文章还介绍了一套成本低，且简单易操作的自我包装方法。

这篇文章最后获得 60 个收藏，57 个点赞，这些互动数据虽然看起来平平无奇，但是转化率极高，前后有 20 个人加他微信，经过一番沟通交流，最后成交了 19 个客户，而每个客户的单价在 6500～6800 元不等，最后他累计收款 12 万元以上。

在这个信息爆炸的时代，大众的眼球被五花八门的知识充斥着，所以对于那些想要依靠内容变现的人而言，如何让内容打破同质化，成功夺取用户的注意力是一个不小的挑战。在内容变现的过程中，像案例李显红那样依靠文章内容变现，都需要讲究方式方法，这样才能取得理想的变现效果。

那么，具体应该怎么做呢？

一是挖掘出价值独特的内容。价值独特的内容是吸引用户的制胜法宝，也是成功变现的关键所在。我们要想创造出受欢迎的爆款内容，首先得明确客户的需求，了解他们的兴趣，这样才能有的放矢，写出他们感兴趣的内容；其次在创造内容的过程中要有意识地打造独具个人特色的风格，这样才能在大众心里留下深刻的印象，从而为进一步变现打好基础；创造出的内容要准确专业，这样才能更好地建立起用户的信任感；要保证输出的内容能够切实帮助到用户，为其提供实用价值。换句话说，只有实实在在的干货内容，或者一些启发性的见解才能真正让客户买单。

二是坚持适度原则。我们生活在一个信息过剩的时代，用户经常被各种各样的信息干扰，因此很容易产生视觉疲劳，专注力也非常的薄弱，这个时候我们应该避免过多的内容产出，一天一个账号更新两三个作品即可，而且一篇文章或者一个视频也不宜过长，坚持"精而不多"的原则，这样才能更好地迎合用户的需求。

三是寻找多元化的变现模式。为了更好地拓宽我们的盈利空间，我们需要寻找内容变现的多元化途径，比如，我们可以通过积极寻求商家合作，通过广告和赞助获得一些收入；也可以多多参与平台推出的各种激励计划，以此获得一定的奖励或者分成；还可以制作出品质精良的内容，引导用户付费观看，以此获得长久且稳定的收入。举个例子，一个靠知乎变现的作者既可以在创作中心的"创作权益"下开通赞赏功能获得收益，也可以通过知乎 Live 增加收入，还可以通过盐选专栏获取稿费，最后还可以通过好物推荐和种草文案获得佣金。总之只要积极扩展，随处都可以挖掘出增加收入的赚钱渠道。

四是维持好创作的频率。知识变现不能三天打鱼，两天晒网，否则无法让用户形成对你的期待和依赖，也无法让自己积累和沉淀一定的粉丝量。所以，为了保持收益的稳定，我们需要积极定期更新内容。另外，即便因为特殊原因出现断更，也要及时向粉丝说明，这才是真正对粉丝负责任的表现。只有这样才能让粉丝获得尊重感和重视感，未来即便让他们掏钱下单，他们也会心甘情愿。

五是经常与用户互动。在内容创造的过程中，我们还要留意用户的反馈。对于他们的评价或者疑问，要及时给予解答和回复。另外，为了双方更好地沟通，我们还可以建立互动社群、开展问卷调查，以此建立良好的沟通关系。我们只有真正贴合用户，才能创作出更多接地气、受欢迎的内容。

六是关注市场变化。内容创造不能闭门造车，优秀的创作者会随着市场环境和受众需求的变化，不断调整变现策略以适应新的形势。另外，他们还会关注行业动态和新兴技术，以此创造出新潮的内容，更好地吸引用户，不断增强自身竞争力，最后成功提升自己的变现效率。

65. 游戏变现

不同游戏和平台有不同的变现策略，我们要想通过游戏实现财富自由，还需要根据游戏类型、目标受众和市场趋势灵活制订出变现方案。

——王冲

案例1：从皮肤到赛事，《王者荣耀》如何打造数亿的商业帝国

《王者荣耀》是由腾讯游戏天美工作室群开发并运营的一款 MOBA 类国产手游，这款游戏在起步阶段，主要是依靠玩家购买游戏内的英雄、皮肤和道具等虚拟物品来实现盈利的。后来，随着时间的推移，王者荣耀还推出了新的英雄、皮肤，以及排位赛、战队赛等竞技模式。多样的玩法、海量的英雄、公平竞技的理念以及丰富的社交互动功能赢得了更多玩家的喜爱和支持，于是《王者荣耀》渐渐发展壮大起来。在这个阶段，《王者荣耀》的收入主要来自虚拟物品的销售和推送广告。后来随着玩家基数的不断扩大，《王者荣耀》逐渐进入了巅峰期。到了这一阶段，《王者荣耀》的收益主要来源于虚拟物品的销售和游戏内的付费活动。

在《王者荣耀》游戏不断成熟壮大的过程中，它的变现模式也呈现出多样化的趋势，如今出售游戏教程和指导服务、直播礼物打赏的分成也成为其重要的收入来源之一。据相关的数据，如今《王者荣耀》的市值已经接近 644 亿元，由此可见其变现能力非常强劲，未来的发展势头不可估量。

案例2：传奇老玩家如何通过游戏搬砖实现月入过万元

曾经有一个名叫星辰的传奇老玩家在网上分享过他通过游戏搬砖月入过万元的玩法。

首先，他介绍了游戏搬砖的一个大致流程：第一步，下载好游戏，然后起号；第二步，在二大陆里刷一些高级图，把装备、元宝材料等有价值的东西上架到交易行出货，出货之后就可以直接提现。其次，他向大家详细介绍了可变现的一些砖点，比如，首爆装备里的一些高价值东西，一件的价格能达到几十到几百元不等。最后，他还具体讲述了搬砖的变现方式。在视频的结尾部分，我看到他凭借着娴熟的搬砖技能，获得了十分不错的经济收益，仅仅一组号就达到了将近一千元的收益。

在人们的传统印象里，玩游戏是一件玩物丧志的事情，整日沉迷游戏的人仿佛没有未来可言。殊不知，在现实生活中，很多人依靠游戏实现了人生的逆袭和财富自由。就像上面所举的两个案例那样，无论你是开发游戏，抑或是化身游戏玩家，均可获得不错的经济收益。下面我们复盘一下游戏变现的几个途径，希望能帮助广大爱好游戏的人在放松娱乐之余也获得一份理想的收入。

一是做游戏代练。即帮别的网游玩家打游戏，按照网游玩家们的要求，在指定的时间内帮助他们快速提升游戏角色级别或者获取高级装备武器，从而得到网游玩家们交付的相应的报酬。这个变现途径投入的成本非常低，只需要你花时间为玩家刷任务，刷主线等，就可以获得不错的收益。

二是卖游戏币。卖游戏币指的是将游戏币卖给其他玩家，以换取现实货币或其他游戏内的物品。通常来讲，游戏币是一种虚拟货币，它与人民币之间有一定的兑率，玩家通常通过第三方交易平台进行买卖，交易的时候要遵守相关游戏的使用条款或法律，以免让自己走上违法的道路。

三是卖游戏账号。在游戏中，每个玩家都有一个独立的账号，用于存储游戏数据、记录游戏进度、拥有虚拟财产等。对于一些有钱又喜欢从高级开始玩的玩家来讲，他们总是愿意购买其他玩家的账号来获得更高级别、更丰富的游戏体验，这就为游戏账号交易创造了可能。如果你是一个游戏高手，不妨通过这种账号交易方式获取收益。

四是做游戏代理。做游戏代理比较复杂，目前市场上代理游戏的形式主要有三种：独家代理、联合运营、二级代理。前两种代理模式对人们的经济要求比较高，所以实现起来比较困难，对于创业的个人而言，最合适的还是第三种。

以上就是几种常见的游戏变现渠道和方法。这些方法适用于普通个体，当然如果你经济实力雄厚，且有专业的团队，那么可以像腾讯那样开发一款游戏。在开发的过程中，为了获得更多玩家的青睐，我们需要设计充满创意的玩法，精美震撼的视觉效果，还需要编造引人入胜的故事线，只有这样才能吸引和留住玩家，当然这也是实现游戏变现的基础。

除此之外，我们还需要根据市场的需求，不断推出新鲜的内容和活动，以此保证游戏的新鲜感和吸引力，从而促进玩家的付费行为。最后制定有效的营销策略也很有必要，具体来说，我们可以举办各种线上线下活动，或者与知名品牌合作等，以此提升游戏的曝光度和用户黏性，从而更好地提升自己的收入。

66. 任务变现

悬赏任务轻松赚，平台接任务，估钱、谈钱、收钱一步都不能少。

——王冲

案例：揭秘百万博主接单背后的财富密码

你知道一个百万粉丝的网红一年的收入是多少吗？一个名叫"小郭聊人生"的自媒体博主给出了令人震惊的答案！

据他透露，2024年上半年他在抖音、今日头条、西瓜视频三个平台获得的流量收益如下：1月，收入31483元；2月，收入41954元；3月，收入22173元；4月，收入21568元；5月，收入21768元；6月，收入10857元。

短短半年时间，他的流量收益就达到了20多万元。就这20多万元还仅仅是抖音平台分发给他的其中一个任务——创作者广告分成计划所获取的收益而已。除此之外，抖音平台还开通了小程序推广、星图任务、商品推广任务等，该博主可以通过推广小程序赚取佣金，还可以通过为品牌方、MCN公司和达人做推广赚取广告费用，更可以在短视频下方挂上商品链接，通过带货获取佣金等。如果该博主把其他这几项变现任务所获得的收益全部计算在内，那么年入百万元也是完全有可能的。

任务变现，顾名思义，就是通过完成特定任务来获得收益的过程。如今互联网已经非常发达，任务变现的途径也是多种多样，大家可以通过快手、抖音、微博、知乎等社交媒体获得任务，也可以通过威客网、猪八戒网等接一些海报设计、视频剪辑等任务，总之只要你有一技之长，就可以在相应的平台接到任务，赚取收益。

在任务变现的过程中，我们需要了解和把握以下几点。

一是熟悉常见的几种任务类型。通常来说，接单任务可以分为以下几个类型：设计、编程、翻译等技能型任务；在游戏平台上参与游戏试玩、游戏代练、游戏直播等任务；通过社交媒体、自媒体平台为品牌或者商家做宣传推广任务；参与平台上的问卷调查、数据标注、内容审核、广告浏览等简单任务等。那么具体选择哪一个任务呢？这还需要根据自己的兴趣、专长和市场需求进一步确定。

二是不断提升自己的技能水平。如今是一个内卷的时代，无论你是做设计，还是做编程，抑或是写作，做自媒体，都对个人的专业素养有极高的要求，如果达不到甲方或者用户所要求的水准，那么变现任务便无法持续进行下去。因此，不断提升自身的技能水平，是成功变现的关键一环。

三是合理调配好自己的时间。网上接单在时间上具有很大的不确定性，有时多个任务同时向你砸来，忙得不可开交，有时候没有任务，空闲时间甚多。这个时候，我们就要学会合理安排好时间，在不忙的时候，提前做好各种准备，做好必要的复盘工作，整理好工作思路，这样才能更好地提升自己的工作效率。

四是积极拓展人脉圈。人脉是一笔重要的财富。在工作的过程中，如果我们没有结交同行业的朋友或者伙伴，那么就无法加入一些专业的行业交流群，无法参加一些线上和线下的活动，更加不会接触到有价值的任务。因此积极拓展自己的人脉圈，是每个渴望财富的人都必须完成的职场任务。

五是合理评估收益与风险。在接受任务前，我们要合理评估任务的收益与风险，千万不要忽略平台的规则和国家的政策，否则有可能让自己在盲目追求高收益的同时，一脚踏入巨大的风险旋涡，最后得不偿失。

67. 代运营变现

专业的事情交给专业的人做。代运营是现代企业中一种重要的商业模式，也是我们变现的一种有效途径。

——王冲

案例1：抖音博主代运营美容院，共同解锁变现新密码

在抖音上有一个名叫"佩举"的博主，曾经分享过他代运营的一个成功案例。

在2024年2月的时候，这个博主为当地一家名为Y.XBeauty的美容院做起了代运营的业务。因为这个店铺是刚刚创立，一切都是从零开始，所以代运营的业务做得非常详细且烦琐，从团单设计到账号规划，从IP设立到企业号的拍摄剪辑，以及文案输出，都在该博主的运营范围之内。"在代运营一个月的时候，该店的团单已经卖了800份。""我们代运营一周的时间就帮助这家美容院冲到抖音的热销排行榜上。""我们制作的一条视频就为这家店带来了50个客户。"谈到自己的代运营成就时，这位博主这样骄傲地说道。

而好的业绩自然让这家美容院的老板心满意足，乐不可支，而这位博主也凭借着高超的代运营水准获得了很大的一笔酬劳。

案例2：助力小卖家成功逆袭，单日销量突破2万元

李女士在淘宝经营着一家化妆品店铺，不过因为她经验匮乏，所以其店铺的销量一直很不乐观。后来她几经打听，找到了一家代运营公司。这家公司首先通过市场调研和数据分析，深度剖析了店铺销量低迷的原因。随后代运营公司帮助李女士调整产品结构，专注纯天然无添加的绿色健康护肤品，并不断强调其对用户的健康价值。最后配合淘宝个性化的推荐系统，精准定位目标客群，进行差异化营销。

三个月过后，李女士的店铺生意渐渐好转起来，有一次她店铺的单日销量甚至突破了2万元，而这家代运营公司也以不俗的业绩获得了丰厚的

报酬。

代运营是当今社会比较流行的一种变现方式。我们在利用这种方式帮助品牌扩大影响力，帮助店铺实现销量增长的过程中要注意以下几个问题。

一是做好需求分析。俗话说，客户就是上帝。对于代运营者而言，委托方便是上帝。在代运营之前，一定要深入了解委托方的需求，搞清楚其品牌定位、市场状况、目标用户等，这样才能有的放矢地制定出合适的运营策略。

二是组建专业的团队。制定好具体的代运营策略之后，我们接下来就需要组建一支专业的团队付诸实际行动。代运营的任务需要营销、运营、客户服务等相关岗位人员共同助力，从而确保各个营销方案能够真正落到实处。

三是做好效果评估和反馈。在代运营的过程中，我们要做好复盘工作，具体来说，就是收集各种数据，定期评估代运营的效果。如果效果不尽如人意，一定要根据反馈数据，及时调整策略，从而保证提升自己的工作效果。

四是以客户为中心。在代运营过程中，要始终考虑委托方的诉求和感受，维持他们良好的品牌形象，及时与他们沟通协调，为他们提供符合其需求的产品和服务。

68. 返利模式变现

让客户感觉"占便宜"。返利模式以其独特的商业模式俘获了无数追求性价比的消费者。面对如此有潜力的变现途径，我们要抓住时机，为消费者搭建起一个稳定、可靠的返利模式，从而帮助自己轻松盈利。

——王冲

案例：资深淘客返利轻松展现"吸金术"

程鹏在一次偶然的机会接触到了淘宝客这个职业。刚开始的时候，他在朋友的引导下把产品分享到朋友圈，获得了一笔不错的产品佣金。

尝到甜头的他不甘心让自己的赚取之路止步于此，于是左思右想之后，又搭建了一个 200 人的社群，然后自己想文案，做推广，把返利产品介绍给更多的人。这一套操作下来，他的收益又增加了 5 倍。

看着日益增长的收入，程鹏的心久久不能平静。后来他做出了一个重要的决定：组建一支自己的团队，让更多的人参与到推广活动中来。这样他不仅可以从自己的消费者身上获取佣金，而且还可以借助他人的人脉力量，获得更多的收入。

后来，经过很长时间的努力，他发展起了一支战斗力很强的推广团队。在这个团队里有人负责文案撰写，有人负责挖掘优质的卖家，有人招兵买马，负责扩大团队成员。团队成员之间互相协作，默契配合，最后发展出了无数的支线，他也凭借强大的返利体系成功实现了财富自由。

返利是指在消费者购买商品或服务后，商家按照一定的比例或固定金额返还给消费者的一种促销方式。在此过程中，商家将一部分利润返还给用户，也就意味着它将未来的收益补贴给当前的销售，这样做扩大了消费者基数，增加了消费者的购买欲望和忠诚度，同时帮助自己实现了资金的快速回流和变现。对于消费者而言，在购物的时候获得了实在的利益，降低了支付成本，完成了性价比高的交易，也是一种很不错的体验。对于为买家和卖家搭桥的推广者而言，利用自己的人脉力量既帮卖家提升了销量，又帮消费者节省了购物资金，同时还为自己赚取了一定比例的佣金，可谓是一举三得。

这样的"消费返利"模式似乎对三方都有利。从长远来讲，该模式能否成为一种可持续的商业模式，还有待时间的检验。不过对于商家和推广者而言只需要抓住眼下的机会，成功为自己变现，这才是最紧要的事情。

商家在返利变现之前要制定好合适的奖励机制，具体来讲，是以现金的方式返还消费者，还是以积分或者优惠券的方式让客户获得好处？这需要根据商家自身情况综合考量，不过不管采取哪种方式，一定要保证自己最基本的利益。

举个例子，百事可乐公司为提高经销商的积极性，制定了巧妙的返利政策，该政策可细分为五个部分：年扣、季度奖励、年度奖励、专卖奖励和下年度支持奖励，除年扣为"明返"外（在合同上明确规定为1%），其余四项奖励为"暗返"。这种激励方式提高了经销商的销售动力，与此同时也提升了百事可乐的市场份额。

而对于返利推广平台和淘宝客而言，在变现的过程中要严格筛选合作的商家，确保商家具有良好的信誉，确保产品不存在质量问题，这样才能为自己持续变现获得保障。另外，还要确保返利活动真实有效，避免消费者因为虚假返利和延迟返利获得糟糕的购物体验。只有做到这两点，推广者才能盘活变现渠道，从而真正做到躺赢。

69. 推广转化变现

推广转化变现未来将呈现出深度与广度并重、技术创新驱动、商业化模式多样化、社群化运营、监管与自律加强，以及精准化与个性化等新特点，这将推动相关行业提供更多的机遇和挑战。

——王冲

案例1：美妆品牌利用社交媒体推广变现

新兴的美妆品牌X主要生产天然有机的化妆品系列，虽然知名度较低，但产品质量较高。

品牌X在社交媒体平台（如小红书、抖音、视频号）上开展推广活动。首先，品牌与多位美妆领域的小V和KOL（关键意见领袖）合作，这些博主拥有一定数量的粉丝群体，且粉丝与品牌的目标受众相契合。博主们通过发布精美的图文和有趣的视频，展示使用品牌X化妆品的全过程，呈现上妆效果，还会介绍成品成分，分享个人使用心得。同时，品牌X在社交媒体平台上开展抽奖活动，吸引用户关注并参与互动。在看到博主的推荐后，用户对品牌X产生兴趣。他们通过博主提供的链接或在平台上搜索品牌X的官方账号，进入品牌官方店铺。在店铺页面上，品牌方通过提供详细的产品信息、用户评价，以及开展促销活动（如买一送一、满减优惠）等方式，进一步吸引用户购买。

在开展为期3个月的推广活动后，品牌X的社交媒体账号粉丝量增长了500%，店铺流量增长了300%，产品销售额达到了100万元，成功实现了从推广到转化变现的过程。

案例2：健身俱乐部线下活动推广转化变现

某健身俱乐部Z位于城市中心，拥有先进的健身设备和专业的教练团队，但在招募新会员方面遇到了瓶颈。

健身俱乐部Z在周边社区和商业中心举办了一系列线下健身活动。例如，举办免费的健身公开课，包括瑜伽、动感单车、搏击操等课程，吸引周边居民和上班族参与。在活动现场，俱乐部设置了展示区，展示俱乐部的设施、课程安排和会员福利。同时，工作人员现场为参与者提供健身咨询服务，并发放优惠券和小礼品，鼓励参与者到俱乐部亲身体验。

在体验免费公开课，并且了解俱乐部的详细情况后，参与者对俱乐部产生了兴趣。他们拿着优惠券来到俱乐部进行免费体验。俱乐部的教练团队为体验者提供了专业的健身指导，给予了个性化的健身建议，让体验者感受到俱乐部的专业性和服务质量。在体验结束后，俱乐部工作人员向体验者推荐会员套餐，包括月卡、季卡和年卡，并详细介绍会员的各种权益，如专属课程、私人教练服务折扣等。

通过这一系列线下活动推广，健身俱乐部 Z 在一个月内新增会员 100 名，会员费收入达到 15 万元，有效实现了推广转化变现。

以上案例说明推广转化变现既可以采取线上的方式，也可以采取线下的方式。总之，可以从多个维度进行推广转化变现。

（1）社交媒体的推广转化

首先，选择平台，如微信、微博、抖音等拥有庞大的用户基础和活跃的社交氛围，是推广转化变现的理想选择。其次，通过发布相关内容，吸引用户关注，使用户参与互动，进而引导用户至产品或服务页面，实现转化变现。最后，与相关 KOL（关键意见领袖）或网红合作，利用其影响力和粉丝基础进行推广，提高品牌知名度和转化率。

（2）广告投放推广转化。可以在搜索引擎和应用商店等平台投放广告，这些渠道在精准定位用户和定向投放等方面表现出色，能够帮助广告主精准触达目标用户。通过优化广告内容和投放时间，提高广告的转化率和投资回报率。

（3）合作推广转化。也被称为"应用互推"和"流量交换"，是指两个或多个移动应用分别在各自的应用界面中展示其他应用的推广信息，激励用户下载并安装的推广方式。与其他应用或网站合作，通过资源互换、流量共享等方式，能够增加曝光度和用户粘性。参与交叉推广的移动应用之间名义上是互换广告，实际上是共享用户，在用户群体契合的情况下将会显著提升转化率。

70. 品牌出海变现

谁出海，谁赚钱！电商行业越来越多地与"内卷"二字绑在一起，国内电商市场的红利逐渐见底，海外市场这片蓝海等待着被挖掘。

——王冲

案例1：安踏品牌出海，解锁全球变现新密码

安踏是一家专门从事设计、生产、销售运动鞋服、配饰等运动装备的综合性、多品牌的体育用品集团。

尽管该品牌的市场占有率在同行业里遥遥领先，但其管理者并不想止步于此。后来他们把新的增长机会锁定在欧美市场。为了更好地打开海外市场，安踏制定了一系列的出海营销策略，比如策划了第一次全球品牌活动 #FindYoUrANTA（全球粉丝寻找安踏），这次活动鼓励粉丝分享与安踏相关的照片、视频或任何素材，充分调动了粉丝的积极性，扩大了品牌在海外市场的影响力。

此外，安踏还在 Facebook 和 Instagram 上进行了为期一年的内容运营和推广，最终取得了喜人的成果，该品牌的 Facebook 主页粉丝数增长150%，美国粉丝增长109%，Instagram 的粉丝数增长上升416.9%，美国粉丝增长27%。

随着品牌名气逐渐在海外打响，安踏在海外只用半年时间就创造了营收148亿元的惊人成绩。次年，它的净利润不断增长，成为体育服饰市场

上的领头羊。

案例2：90后跨境电商新星22个月营业额达2000万美元

Friedal 是一位 1994 年出生的跨境电商创业者。刚开始她踏入这条赛道的时候，具有一定的偶然性。当时的她刚刚从公司辞职，每天无所事事，母亲看见她这个样子，就不停地催促她去相亲，为了夺取对自己人生的掌控权，她把注意力集中在了创业上。后来，她接触了亚马逊，开始了从 0 到 1 的学习之旅。

等到积攒了足够多的技能和经验之后，她便义无反顾地开启了跨境电商的创业之路。在创业变现之初，她首先找到一个 MVP 模型，然后不断将其放大；接着她选择了一个利基市场，将一个特定的、很小众的人群设定为自己的目标客户。在这个细分领域里，大企业的触角很难延伸至此，但是这些海外的客户真的有这方面的需求，于是她通过差异化的产品和服务，在该领域站稳了脚跟。后来，在她的领导下，公司的营业额只用了 22 个月就达到了 2000 万美元。

跨境电商运作是一件非常复杂的事情，它涉及多个环节，我们要想成功在海外捞金，首先要注意以下几个要点。

一是明确目标与方向。首先我们要分析目标市场，了解它们的市场规模、文化背景、消费需求，从而为后续的选品和营销提供相关的依据。另外，我们还要确定自己的经营模式，是选择依托第三方平台，还是自己单独建立网站呢？这还需要根据自身实际情况确定。这两种模式各有利弊，如果你有足够的资金、时间和精力，那么不妨尝试第二种经营模式，该模式可以让你获得更大的自主权和利润空间。但是如果你想快点起步，早点变现，那么可以选择第一种经营模式，这种模式门槛很低，但是竞争非常激烈，大家要提前做好思想准备。

二是选品非常关键。要想在竞争激烈的海外市场中分得一杯羹,选品是一个不可忽视的关键因素。那么具体如何选品呢?首先我们要关注市场热点与流行趋势,以确保选出来的产品能受到市场的欢迎。其次,还要分析市场数据,以及竞争对手的情况,以确保选出来的产品具有差异化的优势。最后,我们还要做好市场调研,分析目标市场的消费需求,这样才能选出具有爆款潜质的产品。

三是选择合适的跨境电商平台。目前跨境电商平台主要分为 B2B 和 B2C 两大类。其中,B2B 平台主要有阿里巴巴国际站(Alibaba International)、中国制造网(Made-in-China)、环球资源(Global Sources)、敦煌网(DHgate)等几个。阿里巴巴国际站是全球专业的国际外贸出口、海外 B2B 跨境贸易平台,拥有超过 1.5 亿注册会员,每天在平台上发布 30 万笔跨境采购需求。通过这个平台,我们可以向海外买家展示、推广自己的企业和产品,进而获得贸易商机和订单。中国制造网是焦点科技旗下的 B2B 平台,致力于为中国供应商和海外采购商挖掘全球商机,为双方国际贸易的达成提供一站式外贸服务。该平台专注于电子商务和高科技应用,中国供应商可以借助该平台的高科技让自己的产品走向全球。环球资源是专业的跨境 B2B 电商综合服务平台,拥有数千万活跃于全球各地的采购买家和批发卖家,供应商可免费入驻进行产品发布和网络推广。敦煌网是中国本土的 B2B 跨境电商平台,它主要为中小型企业提供商品和供应信息服务。中国企业和个人卖家可以通过这个平台将商品直接卖给海外消费者。B2C 平台主要有亚马逊(Amazon)、eBay、速卖通(AliExpress)等几个。亚马逊是全球领先的 B2C 电商平台,可以为人们提供广泛的商品种类和优质的物流服务。目前,它已经对接了欧洲、北美、日本、澳大利亚、印度、中东等 19 大海外站点。eBay 是世界上最大的电子集市,目前已有 4.86 亿注册用户。该网站允许来自世界各地的买家和卖家在网上买卖各种商品和服务,而且对于多而泛的 SKU 铺货尤为合适。速卖通是中国最大的跨境出口

B2C 平台，同时也是在俄罗斯、西班牙排名第一的电商网站。它面向全球市场，通过支付宝国际账户进行交易。

四是做好品牌建设和营销推广。做好品牌建设与维护是打开海外市场的关键环节。保持优质的产品和服务，及时回复买家的咨询和问题，积极处理售后问题，是每一个跨境电商者的基本使命。只有这样才能维护好独特的品牌形象，打造好的口碑和信誉，从而提升品牌的转化率。另外，大家还要做好营销推广工作，具体来说，可以通过搜索引擎优化（SEO）、社交媒体营销、网红营销等手段扩大品牌的影响力。

71. 大数据变现

中国正在步入数据型社会，只要手上有数据就是钱。我们一定要重视自己手里的数据资产，抓住合适的机遇，最大限度地转化其经济价值。

——王冲

案例：开启3.0免费洗衣模式，大数据解锁变现密码

如今干洗行业的竞争越来越激烈，一些洗衣店的老板为了在市场上突出重围，拔得头筹，升级了玩法，开启了 3.0 免费洗衣模式。

具体来说，他们是这样做的：当客户将衣服送到洗衣店清洗时，洗衣店会对着客户的衣服进行拍照，然后把衣服的尺寸、三围、袖长、颜色、款式、面料等相关数据记录下来。他们这样做的目的就是想通过大数据分析用户们的穿衣喜好和审美倾向，了解他们的购物习惯，掌握他们的需求和爱好。

掌握了这些基本信息之后，洗衣店会和服装商城展开一系列合作模

式。当用户的衣服清洗出厂的时候，洗衣店会直接把与之匹配的品牌服饰通过二维码的形式附在客人干洗的衣服上面，当客人收到这件干洗衣服的同时，也收到了商家推送的二维码广告。

这个广告上的产品因为经过大数据分析，以及个性化匹配，所以在用户看来，性价比极高，而且非常符合其审美需求，这就大大提升了他们购买的概率。另外，洗衣店老板还承诺，用户只要从他推荐的商城购买衣服，就可以获得终身免费清洗的服务，这对于客户而言，无疑是一个非常大的诱惑，于是用户大概率会将商城推荐的衣服买下来。

读到这里，大家会发现，这个合作模式对于三方来说都非常有利。首先，消费者可以通过购买衣服获得免费洗衣的服务。而服装商城的老板虽然为洗衣店付出了清洗的成本，但也精准获取到了优质的客源，这为自己顺利出单创造了极好的条件。对于洗衣店而言，虽然为客户提供了免费洗衣的服务，但是有了服装商场的兜底，它也赚取了一笔数额不菲的推广佣金。

数据是一笔重要的资产。它蕴含着丰富的信息，可以帮助企业和商家做出更理智的决策。另外，通过大数据的分析，还可以提升企业的运营效率，优化他们的营销策略。同时在大数据的帮助下，企业还可以根据用户的行为和偏好，为其量身定制产品和服务。最后企业还可以利用大数据来洞察市场趋势、竞争对手的动态以及消费者的需求变化，从而制定出更有效的竞争策略等。

大数据对于企业和商家的重要性不言而喻。大家如果想将数据转化为经济价值，那么不妨从以下两个途径实现：一是用数据直接变现。前面我们讲过数据的种种重要作用，也看到了它巨大的经济价值。如果你掌握了一些原始的数据，可以把它出售给有相关需求的企业或者个人，以此获得一定比例的报酬。另外，你还可以将这些数据加工出来，帮助客户更好地理解和使用。当然，你还可以根据客户的需求，为其提供数据收集、存储、管理、分析、解读的整套服务。目前，国内的几家大的数据公司就是依靠强大的数据捕捉能力创造经济收益的。比如聚合数据，它的主营业务就是整合市面上有价值的数据源，从而为有需要的客户提供有效信息。其创始人曾对自己的商业模式做过这样一个形象化的比喻："我们就像一个自来水厂一样，用户要你提供干净的自来水，对方可能是酒厂、饭店、饮料厂，他把你的水做成饮料或酒。"二是用数据间接变现。企业可以利用数据优化业务流程，降低生产成本，提高生产效率；可以利用大数据洞察客户需求，推出具有创新性的产品和服务；还可以分析客户偏好和行为习惯，实现精准营销和个性化推荐，提高客户转化率和忠诚度等。这些都是利用大数据变现的具体做法。

企业和商家在利用以上两种方式变现的时候，一定要确保数据的准确性和完整性。另外，还要严格遵守相关法律法规，确保数据的安全，以及客户隐私保护，否则数据变现的道路走不长远。

72. AI变现

未来十年最好的赛道是AI，谁掌控谁取胜！AI与互联网结合成趋势，将取代传统电商、搜索引擎及社交平台。

——王冲

案例：AI制作小公司7个月营业额达300万元

王家豪和我说他学历不高，曾当过司机，还卖过红酒，做了一大堆工作，没有赚到什么钱，然而他却幸运地搭上了AI快车道，是AI让他找到了未来。他说："我赚到了人生的第一个100万元，是因为踩到了AIGC

的风口。"

刚开始，王家豪只是学习输入文字进行简单的作画。2024年2月，他通过AI软件制作了大量机甲人物图片发布在抖音等短视频平台上，没想到一个视频的火爆，产生了超亿级的点击量，让咨询学习AI课程和希望AI作画的人"争相追逐"，甚至包括一些明星和大网红博主。"取代你的永远不是AI，而是先试用AI的那批人。"王家豪先人一步开启了AI创业之路。

王家豪称，一开始他的客户靠"抢"，虽然他在互联网上很火，但商家对AI技术还是持怀疑态度。其AI创作生涯的一些大单，都是从传统画作手中"抢"过来的。一位从事油画生意的客户，原来是从画手那里购入画作，传统画手每幅作品售价20元，而王家豪只需8.8元。在巨大差价诱惑下该客户委托王家豪创作1000幅不同的油画，王家豪仅用3小时便完成了任务，其速度之快令客户惊讶不已。价格低、效率高，王家豪获得了客户的认可，让王家豪的AI创业之路更有信心。

而另一位客户要求制作1万张敦煌风格的仿制画。客户坦言，如果按照传统方式请画师创作，需要三年半的时间，而王家豪的团队仅用20分钟就完成了4000张图片的制作。对方对这种惊人的效率感到好奇，甚至派人来学习王家豪的制作方法。打败你的不是对手，颠覆你的也不是同行，AI的技术强到"颠覆一切"。

得益于人工智能技术，王家豪的业务进入腾飞模式：第一个月的营业额达到了5万元；第二个月营业额飙升至30万元；三个月左右，销售额更是爆炸性地增长到了100万元；第七个月，营业额已经达到了300万元。这一成就不仅包括了AI绘画服务，还涵盖了培训教学。目前，王家豪的学员已经超过了600人。他感慨地说，如果是10年前，这样的成功是不可想象的。他的业务甚至吸引了某位大明星特效总监的注意，对方给他下了一个50万元的订单。

人工智能虽然不会全部取代人类，但是会用人工智能的人一定会取代不会用 AI 的同行。这一点从上面的案例中就可以看出来。

了解了人工智能的重要性之后，我们接下来要做的事情就是选好赛道，然后利用好这个工具，为后续轻松变现做好准备。那么具体来说，AI 变现的渠道有哪些呢？我们该选择哪个赛道才更有发展潜力呢？美国未来学家伯纳德·马尔曾在《福布斯》杂志网站上刊登过一篇文章，在文章里他大胆预测出 2025 年人工智能的十大趋势。

趋势一：增强型工作。伯纳德·马尔预计，2025 年，人类将更多地考虑如何与人工智能携手合作，扩展自身的技术能力，与此同时还会腾出时间把我们的创造性和人际交往技能应用到机器仍然无法管理的工作中。这不是简单地把聊天机器人添加到所有领域，而是未来一年智能企业开始利用人工智能创造真正价值的方式。

趋势二：实时自动决策。那些拥有更加成熟的人工智能战略的企业将走向整个业务流程的端对端自动化。如物流、客户支持和营销等领域，可通过算法做出决策，为企业带来更高的效率，更快应对市场波动。

趋势三："负责任"的人工智能。2025 年，人工智能开发和应用将更符合伦理和尊重知识产权。企业家如果忽视这一点，或者妄图走捷径，那么一定会遭遇来自监管机构和客户的双重压力。

趋势四：文生视频。2024 年，OpenAI 公司已经利用其 Sora（"天空"）模型展示了通过简单文本描述创建视频的可能，未来人工智能可能仅仅靠着写出来的一小段电影情节，就能自动生成整个视频。

趋势五：人工智能语音助手。2024 年，OpenAI 为 ChatGPT 展示了一种新的"可中断"的先进语音模式，它能够进行与人类对话高度类似的对话。而谷歌已经开始将 Gemini（"双子座"人工智能模型）聊天机器人整合到移动设备中，未来我们将看到这些功能出现在更多设备中。

趋势六：人工智能立法和监管。2025 年，我们可能会看到更多与人工智能相关的法律法规出台，立法将优先考虑人权，从而将发生歧视和虚假信息的可能性降至最低。

趋势七：自主人工智能体或将流行。未来人工智能体可能在没有得到精确指令的情况下运作，它们会把无数任务串联在一起，并根据所取得的结果调整自己的行为。

趋势八："后真相"世界。2025年，整个社会可能会面临人工智能带来的假内容和假消息爆发式增长的重大挑战，届时将考验人们对相信的识别能力和屏蔽能力。

趋势九：量子人工智能。预计在2025年，量子计算可能给人工智能带来革命性变化。它能让算法以数亿倍于标准计算机的速度运行，到时候疫苗、医药研发、新材料和新能源的生产领域可能会创造更多新的奇迹。

趋势十："可持续"的人工智能。2025年，人工智能将成为保护环境的有力工具。它将助力人们优化农业和交通领域的资源消耗，减少碳足迹。

以上便是科学家预测的关于2025年人工智能的十大趋势。了解了这些信息可以帮助我们在未来变现的过程中更加把握好准确的方向。

当然，除了对未来人工智能的展望，我们还可以从实际着眼，让自己朝着以下三个方面努力，这样也可以从人工智能领域分得一杯羹。

一是用AI武装你的老本行。在当今快速发展的数字化时代，人工智能已经成为提升我们工作效率的得力助手。比如，我们可以借助AI工具分析大量数据，从而让自己在短时间内做出更为正确的决策；再如，用AI工具帮助我们剪辑视频，这样会大大节省我们的人力成本。有了AI的帮助，我们的工作效率会大大提升，变现能力也会跟着水涨船高。

二是用AI技术开辟新的赚钱领域。举个例子，从前你也许对设计和绘画领域并不熟悉，所以即便你有心想成为一名设计师，也会受到自身条件的限制。如今有了AI的帮助，会大大降低设计技能的门槛，这样一来你就可以借助 AI 技术成功让自己在不擅长的领域也能获得一份收益。

三是利用 AI 信息差赚钱。据相关的数据分析，目前中国只有三成的企业有能力在企业内培训 AI 人才，而 AI 又是人类未来发展的关键驱动力，所以 AI 教育市场需求依旧持续增长。此时，如果你比别人更懂 AI，那么就可以利用信息差成功为自己谋取一份利益。比如，帮助企业训练智能体，为企业提供 AI 落地的咨询等，赚那些想用 AI 赚钱的人的钱，这也是一个很好的变现思路。